CANTONA
AU PARADIS

Du même auteur

Société

Les Français sont comme ça, avec Richard Cannavo et Patrick Miler, Fayard, 1975.

Raoni, le tour du monde d'un Indien en 60 jours, Photos Jean-Pierre Dutilleux, Editions n° 1, 1989.

Enquête

Las Vegas, avec Gilles Lhote, Editions n° 1, 1990.

Rodéo, avec Gilles Lhote, Editions Lincoln, 1992.

Johnny, de A à Z, avec Gilles Lhote, Albin Michel, 1995.

Sport

Allez les Verts ! avec Dominique Grimault, Denoël, 1977.

Platini, ma vie comme un match, Robert Laffont, 1987.

Candeloro, Carrère-Hachette, 1995.

Récit

Piaf-Cerdan, un hymne à l'amour, avec Dominique Grimault, Robert Laffont, 1983.

Roman

Memphis Blues, Albin Michel, 1994.

Patrick Mahé

CANTONA AU PARADIS

Éditions Ramsay

A Billy (Bremner), Johnny (Giles), Liam (Brady),

Kevin (Keegan), Kenny (Dalglish).

A Michel (Platini).

A Elvis (Presley), Gene (Vincent), Eddie (Cochran),

Jerry Lee (Lewis), Mick (Jagger).

A Mickey (Rourke).

A Sir Matt Busby, l'âme de Manchester United…

… Et à tous les Busby Babes, *cette équipe qui ne mourra jamais.*

A toi, prince Eric, *Rebel with a cause,*
l'anti-James Dean.

1996

UNE SAISON DE RÊVE

Dear, dear Eric,

Aimé Jacquet porte le nom d'un jeu de dés, une variété de trictrac qui consiste à faire avancer des pions sur une tablette…

L'histoire nous apprend que tu n'es pas sur les tablettes de ce Jacquet-là. Et moins encore dans ses petits papiers.

En t'écartant de l'équipe de France avant l'Euro 96 qui se joue en Angleterre — ta patrie d'adoption — Jacquet s'est fait jackot… Mais si le perroquet gris à queue rose d'Afrique occidentale passe à juste titre pour le meilleur parleur de tous les perroquets, l'Aimé a dû chercher ses mots pour expliquer le but marqué contre son camp.

Encostardé comme pour un dimanche, et le cou serré sous la cravate, le sélectionneur, entraîneur et directeur technique national a bafouillé un gros bon sens de chef scout à l'énoncé du verdict.

C'était l'autre dimanche justement, à Paris, avenue d'Iéna, un nom d'épopée. Il a plaidé pour sa bonne troupe, dont il a fait en quelques mois la championne du monde des matches amicaux, ce qui n'est pas si mal après tout. Reste que pour traverser le pont d'Arcole, guerroyer sur les prés carrés de Leeds, Newcastle ou Manchester, en attendant surtout ceux du Mondial 98, il vaut mieux miser sur des capitaines aguerris.

Tu fus le dernier grand galonné de l'équipe de France avant ton éviction pour raisons extra-compétition et même extra-nationales. Ce livre, fraîchement remis à jour, et qui prit à contre-pied tes (nombreux) censeurs, raconte, pages suivantes, ce que fut l'enfer de Crystal Palace, ta descente en règle orchestrée par la presse populiste et le purgatoire de ta longue absence... Jusqu'à la rédemption de ce printemps londonien où, le 11 mai, tu signas à Wembley, le doublé historique de Manchester United.

En fait, Jacquet, honnête homme, courageux, dit-on, mais pas téméraire, n'aurait pas misé un penny sur cette rédemption. Pour beaucoup d'observateurs et de journaliers d'écriture, ton retour c'était mission impossible.

Impossible n'est pas Cantona. On le sait désormais. Dur, dur de perdre la face dans une tribune de presse conventionnelle, ou dans les salons feutrés d'une vieille Fédé...

Le public, lui, celui qui vocalise ses *Marseillaise* dans une vague harmonie de tribune, ne vit pas d'orgueil mal placé.

Il aime ses Bleus, il chante *Allez la France*, donc il t'aime, donc il chante *Ooh-Aah-Cantona !* comme tes fans d'Old Trafford et de Wembley. Un même chœur.

Ce public, il est avec toi, bien sûr.

L'Equipe et *Le Parisien* nous en ont donné la preuve éclatante. Mais Jacquet n'a pas aimé.

Jacquet n'aime peut-être pas *L'Equipe.* Ou les lecteurs de *L'Equipe.* Il n'aime pas *Le Parisien* non plus. Ou les lecteurs du *Parisien*... C'est à croire.

S'il les aimait, l'Aimé, il aurait écouté la voix des tribunes, fredonné le chant du stade et respecté le choix massif du public. A la *Cause du Peuple*, il a préféré *L'Idiot International*, un jeu de rôle que Jean-Edern Hallier aurait aimé arbitrer...

A la veille même du pathétique *Cantono* d'Aimé Jacquet, le quotidien du sport et celui des lève-tôt avaient sondé l'opinion dite représentative.

Résultat : un plébiscite à l'africaine pour ton rappel chez les Bleus.

Question : Cantona doit-il aller à l'Euro ?

Réponse : Oui, 83,23 %. Non, 16,25 %.

L'Equipe précisa, façon poids des mots : *Cette consultation Minitel a mobilisé un très grand nombre de lecteurs.* Avis à la Fédération.

Même raz-de-marée au *Parisien* : 4 lecteurs sur 5 (82,48 % !) souhaitaient également ton retour.

On a vu comment notre (bien) Aimé a surfé sur la vague populaire. Les *Guignols* de *Canal* + n'ont d'ailleurs pas manqué d'épingler *l'aigle* qui sommeillait sous le jackot.

Te voici donc sacrifié sur l'autel du nivellement des valeurs. Face au maestro, Jacquet redevient contremaître. Ce n'est pas parce que *France Football* s'est fendu d'un authentique cliché de lui en chapeau melon, parapluie et *Times* assorti, qu'on fera de ce Jacquet de panoplie un nouveau Maître Jack.

On l'a bien vu lors de sa poussive conférence de presse où, pour te remplacer, il n'a rien trouvé de mieux que de sortir de son chapeau (melon, donc) le nom d'un certain Madar arraché à sa dolce vita monégasque.

Pas question pour moi, dit-il, *de tenir compte du fait que l'Euro ait lieu en Angleterre. A ce que je sache, je travaille pour le football français et je ne suis pas là pour faire plaisir au public anglais.*

Ils ont dû être contents, les 85 % (ou presque) de lecteurs français de *L'Equipe* et du *Parisien*, de passer pour un public anglais !

Ce n'est pas parce que la presse anglaise a su retourner sa veste en tweed à ton endroit, qu'il faut, à Paris, se tromper de lecteurs et de public. Aimé l'a fait.

1996 restera pour toi l'année de la plus grande frustration donc, et celle de la plus belle des consécrations. Impossible pour quiconque de gommer cette dernière. Le rideau tomba à la manière d'une happy end. Comme si ton destin, unique, était de passer d'enfer en paradis. Du bûcher au septième ciel…

Happy end !

Comme dans un scénario bien huilé, en effet, dont seul le grand Hollywood a le secret, te voilà couronné roi d'Angleterre et des îles Britanniques sous les yeux — finale de la *Cup* oblige — d'un petit milliard de téléspectateurs... Rien que ça ! Et, le comble, Aimé Jacquet était là...

Quinze mois plus tôt, tu étais pourtant sur un trône éjectable. Ton geste d'auto-défense, crampons en avant sur un *hooligan* de tribune, avait lui aussi fait le tour du monde. Un milliard de téléspectateurs — déjà — par la terrible magie des relais satellites et des ralentis à la carte, t'avaient vu quitter le stade de Crystal Palace, à Londres, par la petite porte. Des bataillons de procureurs de tribune à la plume inquisitoriale avaient digressé sans fin sur cette porte dite de la honte.

Et puis, et puis... Seul contre tous, ou presque, tu es remonté en haut de l'affiche. Et c'est juste avant l'Ascension, encore un symbole, que tu as retrouvé pour de bon le septième ciel, en plein festival du septième art, à Cannes. Et là, franchement, ton triomphe de Wembley, un vrai stade hollywoodien, ce n'était pas du cinéma ! Même si les acteurs de Manchester United ont joué le suspense à fond contre Liverpool.

On jouait en effet depuis quatre-vingt-cinq minutes. Les cent mille spectateurs lorgnaient la pendule et piquaient du nez sur leur montre au bracelet rouge et noir (Manchester United), rouge et blanc (Liverpool).

Encore cinq minutes et la prolongation menaçait avec, peut-être, au bout de la peine, la loterie acrobatique des coups de pied au but qui font des gardiens deux funambules-araignées sans filet, et des buteurs de véritables exécuteurs testamentaires.

Les Cinq dernières minutes… Un titre de Série Noire et de feuilleton télé où l'inspecteur triomphe inévitablement du mal.

Ce jour-là, Colombo s'appelle Cantona. Le vieil imperméable mastic de l'enquêteur au regard sournois est un flambant maillot rouge floqué du célèbre numéro 7, porté par un joueur orgueilleux à la tête haute et à l'œil vif…

… David Beckham tire un corner depuis le poteau droit. David James, le gardien de Liverpool boxe le ballon. Celui-ci effleure Ian Rush, monument historique mais chef-d'œuvre en péril de Liverpool replié en défense, et fuse vers toi, Eric, campé, face au but à vingt mètres. D'instinct, tu te recules. Tu es presque en déséquilibre, lorsque ta reprise instantanée, en demi-volée, traverse une muraille de joueurs et fouette le filet.

1-0 !

Le chaudron rouge de Wembley implose... De fureur, côté Liverpool. De bonheur, côté Manchester. Ivre d'émotion, tu embrasses ton maillot. Roy Keane, l'Irlandais, est le premier dans tes bras, tandis que tes fans s'empilent dans les tribunes avant de lancer, mi-cantique, mi-cri de guerre, leur fameux chant tribal : *Ooh-Aah-Eric-Can-to-na !*

A cette minute-là, Aimé Jacquet en a trop vu. Trop. Tu n'es déjà plus dans ses plans pour l'Euro 96 — qui se joue pourtant en Angleterre, répétons-le, la patrie d'adoption dont tu fais tourner le cœur et la tête — et cette offrande à Manchester, signée Cantona, est, à ses yeux, le coup de grâce.

D'ailleurs, il lève le camp aussitôt, sur un applaudissement de politesse. Il n'attend ni les congratulations, ni la remise de la *Cup,* ni le tour d'honneur. Il quitte Wembley précipitamment comme un voleur d'images fuyant le tonnerre des *Ooh-Aah-Eric-Can-to-na !*

Depuis, tu attends toujours son appel téléphonique ou un simple télégramme de félicitation... Bizarre, bizarre cette manière d'être sans manières...

Seul le divan du psy pourrait expliquer un tel comportement. J'ai connu Jacquet joueur. Dix ans de bons et loyaux services à Saint-Etienne, mais seulement deux sélections nationales (contre 45 à ton crédit et 20 buts). C'est Jean-Michel Larqué, étoile montante, qui éclipsa le porteur d'eau appliqué et consciencieux.

Peut-être a-t-il trop souffert, en silence, de l'éclosion des jeunes pousses et futures stars autour de lui. Les Verts de la légende ont grandi sans lui. Il n'était pas de l'équipée glorieuse de Glasgow en 1976, la première finale de Coupe d'Europe d'un club français depuis le mythique Stade de Reims des Kopa, Piantoni et Fontaine. Et cela, il ne l'a vécu que par procuration, victime de l'âge ingrat de la retraite des footballeurs qui en a fait un exclu de la starmania accélérée des années Rocheteau. Alors la Cantomania…

Vert pâle donc et modeste bleuet, Jacquet aime le travail bien fait, mais il n'est pas homme à prendre des risques. Surtout pour un numéro 7 (chiffre fétiche des grands joueurs) doublé d'un *Red devil* (les diables rouges de Manchester United), diabolisé à perpétuité. Diable tu es, *devil* tu resteras… Tel est le credo des bons esprits du football.

Banni de l'Euro 96 par celui-là même qui a la charge de distribuer les meilleures cartes à la France, tu seras peut-être, demain, souhaitons-le, dans le jeu d'un maestro et non plus d'un contremaître, l'atout providentiel du

Mondial 98, made in France. Après tout, tu n'as que 30 ans tout rond, et tu as fait, malgré toi — suspension disciplinaire oblige ! — l'économie d'une saison.

Déjà les bookmakers prennent les paris en Angleterre...

En ce samedi béni de Wembley, alors que la duchesse de Kent, rosissante de fierté sous le chapeau vert pomme, se précipite pour toucher ta main et te remettre la coupe, tu es loin des manigances de ceux qui redoutent sournoisement ta forte personnalité en équipe de France. Parmi eux, c'est connu, des joueurs et non des moindres. Sous le courageux abri de l'anonymat, certains s'en seraient ouverts à la presse. Argument répandu : « Il vaut mieux laisser Cantona à la porte, parce que l'atmosphère est actuellement saine en équipe de France. »

Incognito est un mot italien. De là à flairer dans cette condamnation quelque influence turinoise ou milanaise, de la part de joueurs français exilés à la Juventus ou chez Berlusconi, il n'y a que le pas de la jalousie à franchir. Et une (mauvaise) salade piémontaise à digérer.

Jacquet aime peut-être la salade piémontaise. Même mauvaise.

Sans doute n'a-t-il pas lu, ou trop lu, la presse anglaise. A part les 85 minutes de Wembley, Jacquet ne t'a vu jouer qu'une seule fois depuis ton grand retour en octobre, contre Liverpool (déjà). C'est dire…

Depuis ce jour-là, la presse anglaise, elle, a suivi et décortiqué tous les matches et le moindre de tes faits et gestes.

Elle t'avait dans la mire depuis l'incident de Crystal Palace. Elle avait réduit ta carrière à l'état de verre pilé.

Elle savait donc de quoi elle parlait tandis que tu faisais silence radio avec tous les medias.

Elle ne te jugeait plus qu'en tant que joueur. Elle a su te rendre justice.

Si Jacquet n'était pas à Old Trafford le 1er octobre — *le-jour-où-il-fallait-être là* – j'y étais (pour *Paris-Match*), avec un petit clan familial et amical au sein duquel vibrait, porte-drapeau à ton effigie, Sabine Azema, l'actrice la plus intello-sexy de France.

Souvenirs, souvenirs, comme dit la chanson, la journée mérite encore d'être contée. A travers ce "flashback" d'émotions qu'Aimé Jacquet a cru devoir s'interdire, on comprend tout, dans l'œil de Sabine Azema, néophyte du football et novice de stade, de ton influence magistrale et de ton rôle à Manchester.

… Elle n'avait jamais vu un ballon à moins de cent mètres. Elle n'avait jamais vu un ballon tout court. Sauf dans une vitrine. A la télé, entre deux zappings, ou au cinéma, dans *Coup de tête* par exemple, avec Patrick Dewaere.

Et pourtant, elle était là.

Pour son baptême du feu et du jeu, Sabine Azema avait choisi un temple et même une cathédrale. La cathédrale de lumière d'Old Trafford aux couleurs rouges de Manchester United.

Une cathédrale dont le grand prêtre est un Français depuis trois ans.

Elle débarque donc à la porte du stade. Se noie dans une mer de drapeaux français — oui, français ! — brandis dans un vent de force 4 par la foule des anges ivres accourus à la grand-messe chantée.

Frêle et tremblante, elle disparaît dans la houle des vagues rouges. Autour d'elle, les croyants processionnent dans un tourbillon de maillots au nom de l'idole : Eric Cantona.

Comme lui, par mimétisme, ils le portent tête haute et le col relevé. Les plus dévots arborent carrément des modèles où l'on a brodé le nom de Dieu — *God* — au-dessus de son fameux numéro 7. A Manchester, Cantona c'est *Dieu,* et honni soit qui mal y pense…

Aujourd'hui, c'est le jour du Seigneur. Un dimanche. Manchester United reçoit Liverpool, donc la paroisse ennemie. Elle a troqué ses couleurs traditionnelles — le rouge aussi — pour un vert bouteille et blanc (comme en finale de la *Cup* d'ailleurs) qui donne aux joueurs du Merseyside, où les Beatles poussèrent leur premier cri, une allure de défroqués.

C'est vraiment le jour du Seigneur.

Tu fêtes, en effet, ton retour après ce maudit bannissement de huit mois pour ce geste d'autodéfense jugé sacrilège par les autorités fédérales érigées en tribunal à la petite semaine.

Ton crime ? Avoir écrasé, comme l'on sait, tes crampons sur un mécréant de tribune, un *hooligan* doublé d'un repris de justice qui te lapidait d'injures anti-françaises.

Le « crime » est connu.

La peine, purgée.

« Dieu », c'est-à-dire toi, peut à nouveau répandre la bonne parole.

Pour la recueillir, donc, Sabine Azema était là.

Vous vous étiez connus sur le tournage du film d'Etienne Chatiliez, *Le bonheur est dans le pré*. L'héroïne de *Smoking, no smoking* donnait alors la réplique à des acteurs classiques, comme Michel Serrault, ou à un vieux routier de la scène, comme Eddy Mitchell, quand elle a vu débarquer les Cantona brothers, Eric et

Joël, deux boules dans un jeu de quilles, pour un rôle de composition non négligeable.

Tu étais alors suspendu. Tu avais du temps, des loisirs malgré toi, en somme. Sinon, tu n'aurais jamais pu répondre à la double invitation de Charles Gassot, le producteur, et de la scénariste, Florence Quentin, supportrice avérée des Verts et de Rocheteau, *l'ange vert*. Donc du grand Saint-Etienne, c'est-à-dire de l'après Jacquet.

La première fois que vous vous êtes vus, Sabine et toi, vous avez parlé métier : foot et ciné. Deux mondes bien différents qui ne se côtoient guère. Vous vous êtes tutoyés spontanément et, dès le premier soir, au bar de l'hôtel, à Auch, tu as fait jurer à Sabine qu'elle viendrait te voir jouer dans l'arène ardente d'Old Trafford.

Et c'est ainsi, huit mois plus tard, que nous nous sommes retrouvés tous ensemble au Mottram Hall de Pressbury, un Relais et Château à la mode anglaise, choisi tout exprès par toi pour les tiens (tes frères, ton père, ton clan). Nous n'étions qu'à une portée de ballons de ta nouvelle maison, une vraie demeure cossue avec gazon et moquette royale. Là, Isabelle, ta femme, couve votre petite Joséphine alors âgée de quatre mois, tandis que Raphaël, bientôt sept ans, fait ses gammes en anglais dans l'école d'un village du xve siècle.

L'endroit est si beau que les grandes équipes en déplacement dans la région y côtoient les gentlemen-golfeurs du week-end. C'est ainsi que Sabine Azema, passant la tête dans la salle de *snooker* (le billard géant de 3,80 mètres) est tombée sur l'équipe de Newcastle — votre rival numéro un — qui faisait étape sur la route d'Everton… Et sur David Ginola, bien sûr, l'ex *latin lover* du Paris-Saint-Germain qui rêve de marcher sur tes traces en Angleterre.

Il y eut même un gag, Ginola saluant Sabine par réflexe en reconnaissant simplement son visage :

– Mais qu'est-ce que vous faites là ? s'étonna-t-il.

— Je suis venue pour le match, s'entendit-elle répondre…

Alors, Ginola, conscient de la méprise :

— Ah, oui, l'autre match…

Toi, tu n'as pas croisé Ginola. Tu avais rendez-vous plus tard à Newcastle où tu marqueras, d'ailleurs, *le* but qui fera basculer le championnat en faveur des tiens. A cette heure, tu étais dans l'autocar de Manchester United en route pour Old Trafford, Ginola embarquant dans le sien pour un autre destin.

Sabine aussi s'activait. Elle s'était repliée dans sa chambre pour réapparaître tout en rouge, du fichu de soie à pois noirs jusqu'aux chaussures de campagne.

Dès l'arrivée à Old Trafford, Sabine comprit qu'elle était vraiment dans la note. Elle arbora son petit et *lovely* sourire coquelicot, et se précipita parmi les marchands du temple pour faire provision de bannières et de T-shirts : *J'ai fait tellement d'envieux parmi mes amis ! Tout le monde voulait être à ma place...*

15 heures.

« Dieu », c'est-à-dire toi, répétons-le, surgit dans le tonnerre.

Tu es le plus grand, le plus droit. Tu fermes la marche derrière Pallister, Keane et Cole (la mauvaise affaire de l'année, celui qui ne manque plus de but, même avec toi).

Les drapeaux français à ton effigie et frappés du slogan : *Eric is back with a vengeance* (Eric revient pour se venger) balaient les tribunes dans le vent. On n'a jamais vu autant de drapeaux français en Angleterre. Jacquet ne les verra jamais. Ou ne voudra pas les voir.

A côté de Sabine Azema, *écrasée dans ce monde d'hommes, toutes sortes d'hommes*, il y a Albert, ton père, en veste de velours côtelée et chemise en jean. Il essuie une vraie larme. Jean-Marie a les yeux qui piquent. Joël, cravaté comme pour un dimanche, visage sculpté à la serpe, feint la sérénité. La foule est rock'n'roll. *We-are-E-ric-Can-to-na*, scande-t-elle, comme un serment partagé.

Tu t'échauffes sous le soleil. Puis tu donnes le coup d'envoi. C'est l'extase. Sabine y va aussi de sa larme. Elle est éblouie : *Il y a des lumières incroyables. C'est une fascination. Dans ce stade qui vibre, on comprend que les hommes ont besoin d'adorer. On se sent si seul, si petit, et là, il y a une telle fraternité, une telle solidarité qu'en une seconde tout peut s'embraser.*

La seconde arrive dans la minute.

Une passe d'Andy Cole. Tu es démarqué sur l'aile. Un contrôle te suffit. Cool. Tu lèves la tête, comme toi seul sait le faire. Tu centres pour Nicky Butt, le bien nommé, lui, qui maîtrise et frappe. But pour Butt ! Le stade chavire. Sabine est engloutie dans cette forêt d'hommes debout qui exultent, les bras levés. Elle a peur. Elle pâlit. Tremble. Joël doit lui prendre les mains, lui parler, la rassurer.

Passons sur le match. Manchester United a eu la bonne idée de le commercialiser en vidéocassette sous le titre accrocheur : *Le retour du magnifique numéro 7*. Une bonne affaire. La précédente vidéo, *Eric the king*, s'est vendue à

200 000 exemplaires ! Qui dit mieux, surtout en France ? Et qu'en dit Jacquet ?

Passons sur les deux buts « magiques » du petit nouveau de Liverpool : Robbie Fowler.

Manchester United est longtemps mené 2 à 1. Le public en perd un peu ses hymnes à l'amour. Peter Schmeichel, le gardien danois, blond comme un soleil, adossé à la tribune populaire de Stretford End, commande à grands gestes de relancer les chœurs. Sa défense un peu lourdaude et vieillotte flotte. L'entre-jeu est un peu dévoré… L'attaque n'est pas aidée. Tu es partout, tu colmates les brèches, dessines les relais, galopes en première ligne, à l'image de la saison qui s'annonce et que, malheureusement tu prends en marche.

A mesure que le match avance, tu prends de plus en plus d'ascendant sur les autres, malgré ton manque de compétition. Tu as faim de ballon et d'exploits. Tu appuies tellement tes actions que toutes font lever la foule. Et tu finis, inévitablement, par proposer la faute adverse. Giggs, le lutin gallois est fauché sous les yeux de l'arbitre. C'est le penalty.

Tu te précipites sur le ballon, le saisis, le niche sous ton bras, pour bien dire : *C'est à moi !* Tu t'avances vers le point fatidique, toises le gardien adverse, frappes sèchement et l'exécutes face au soleil.

Old Trafford chavire une deuxième fois et, pour la première, Sabine se lève comme… un seul homme ! Elle agite son drapeau tricolore, totalement gagnée par la contagion francophile qui fait de Stretford End une citadelle française. Imprenable.

Le soir, à l'hôtel Mottram Hall, tu reçois ta famille et les tiens, ton élégance citadine corrigée par un costume destructuré. Tu commandes un Pernod, oui, un Pernod, pour Albert, ton père qui avoue entendre encore des voix : *Oooh — Aaah — Can-to-na !*, un Murphy pression pour moi — la bière noire de Cork, en Irlande — à défaut de Jameson, douze ans d'âge, le fameux whiskey, toujours d'Irlande, un soda pour Sabine et tu te contentes d'un jus de fruits.

Face au bar, tu mimes avec Joël l'action du penalty. Tu es heureux. Tu souris. Isabelle, ta femme, si discrète mais si présente, est sur un nuage. Elle savoure ton bonheur renouvelé.

Sabine est étourdie. Elle dit : *J'ai la tête qui tourne et le cœur en miettes. C'était si bon aujourd'hui. Si bon de voir cette famille. Si bon de revoir Eric, sa prestance royale, son pas de danseur étoile, son allure féline, son dos, sa nuque…* »

Jean-Marie, du rouge plein les yeux, souligne : *Qui d'autre pourrait faire brandir, ici, autant de drapeaux français ?*

L'air de rien, tu relèves : *Oui, à Manchester il y en a plus qu'au Parc des Princes pour l'équipe de France.*

Sans doute, Aimé Jacquet ne l'a-t-il jamais supporté. Malgré Zidane, le Bordelais, et le Parisien Djorkaeff, sa sélection n'a jamais fait lever qu'une Marseillaise de conscrits. Chantée faux. Sur ce plan encore, il y a des leçons à prendre à Old Trafford.

Le 1er octobre 1995, jour de ton retour contre Liverpool — *le jour-où-il-fallait-être-là,* répétons-le — Manchester United était largement distancé par Newcastle.

Douze points de retard !

Avec toi, Manchester United a refait son handicap, match par match, but par but.

Dès les premières semaines, on a compris non seulement ton influence sur le jeu, mais aussi combien tu allais retourner ceux qui t'avaient brûlé vif de leur plume incendiaire, c'est-à-dire la presse populiste anglaise.

« The Kung is dead
Long live the King »

s'exclame le *Sun* après t'avoir admiré dans le rôle du capitaine diplomate un jour de fureur générale, en janvier, à West Ham.

Ceux qui avaient ironisé sur ton *Kung-Fu* de Crystal Palace s'amusaient d'un bon mot à te rebaptiser le *King*, le roi.

Dès lors, tout allait s'enchaîner pour ramener les *Red Devils* dans le bleu, c'est-à-dire vers le paradis des héros.

Un véritable concert de louanges et de gros titres dans la presse. Presque un concours.

Extraits de la Cantomania :

• *Ooh ! Aah ! Manag-Aah* (Le *Sunday Mirror*, spéculant sur ton avenir d'entraîneur — à la place de Jacquet ?)

• *King Eric's Manu-fique* (Jeu de mots du *News of the World* entre *Man U* — Manchester United — et magnifique).

• *Wonder Gaul* (Jeu de mots du *Daily Mirror* entre *goal* — but — et gaulois — Français.

• *Eric de triomphe* (Jeu de mots du *Daily Mirror* avec Arc de triomphe, pour saluer le referendum auprès de ses lecteurs faisant de toi le meilleur joueur étranger de tous les temps en Angleterre).

• *Can-Ufique* (Jeu de mots du *Daily Mirror* autour de *Man U* — Manchester United — et magnifique).

• *Eric's too Guud for Ruud* (Jeu de mots autour de bon, *good,* et de Gullit, le Hollandais de Chelsea, prénommé Ruud).

Et pour finir, cette revue de presse express.

Oui (pour *we*, le *nous* anglais) *are the champions* (jeu de mots du *Daily Mirror* autour de l'Hymne à la Joie du groupe Queen). *We are the champions* (Nous sommes les champions). Ainsi saluait-on en musique le titre de champion remporté par Manchester United avec toi. Grâce à toi. Et avec trois points d'avance sur Newcastle !

C'était une semaine avant le sacre de Wembley. Celui du doublé, coupe et championnat.

Déjà, la presse, tapageuse ou distinguée, s'était unanimement ralliée à ta cause. Elle t'avait même honorée avec tous les ors et les pompes dignes des grandes cérémonies.

Etonnant retournement doublé d'une cocasse leçon de fair-play à l'anglaise. On peut même y voir un refus d'autocritique, pourtant justifié par ailleurs.

Sa justification tient dans le procès à retardement du dit Matthew Simmons, l'homme par qui le vrai scandale est arrivé. C'est lui, on le verra dans ce livre, qui s'efforce de te rendre justice, qui fut l'étincelle menant au bûcher. J'ai toujours soutenu que ton *Kung-Fu* si décrié n'avait été qu'une parade aux propos menaçants de ce *hooligan* de tribune.

A l'époque, tout le monde t'était tombé sur le maillot et Jacquet, déjà, anticipant sur les sanctions de la Fédération anglaise, avait décidé de t'écarter de l'équipe de France... Dès lors, la France joua-t-elle sans toi toute une série de matches de série B qui permit l'éclosion d'une nouvelle vague de bons joueurs, parmi lesquels Zidane et Djorkaeff. Une belle affaire pour les Bleus, qui n'hypothéquait pas pour autant ton retour parmi eux.

Retour amplement justifié.

Il l'est d'abord par ta qualité de joueur et ta maturité. Il l'est aussi par le respect de ton brassard de capitaine (en trente matches tu n'as reçu qu'un carton d'avertissement malgré les provocations adverses !). Il l'est enfin par l'éloge unanime de la presse, des joueurs rivaux retournés par ton comportement et de tous tes coéquipiers. A Manchester United, tu as été le lien entre ceux dont la carrière décline et le baby-boom des joueurs de vingt ans. Le lien et le modèle.

Gary Neville (vingt ans) écrit carrément : *Toute l'équipe adore Eric. Quelle classe ! Quand United est en situation difficile, il suffit de lui passer le ballon et l'on sait qu'il nous tirera d'affaire. Son aura et sa détermination sont uniques. Il nous pousse, nous encourage, ne baisse jamais les bras et nous oblige à tirer le meilleur de nous-mêmes. Quel exemple ! Il est impressionnant. Et je ne parle pas de sa grande simplicité. Il est la star de l'équipe, mais c'est lui qui travaille le plus dur à l'entraînement. Enfin, j'aime sa modestie. Il est très humble dans le groupe…*

Le groupe…

C'est par ce mot-alibi que Jacquet a justifié ta non-sélection pour l'Euro 96. Il paraît que ta forte personnalité aurait pu nuire à *l'esprit de groupe.*

Jacquet aurait fait un très bon chef scout, on l'a vu, mais l'équipe de France de football n'est pas une troupe en route pour un jamboree d'été. En 1998, en France même, il lui faudra une autre trempe et des hommes de caractère pour s'imposer, chez elle, face au monde entier. De là à te rappeler en renfort…

Car ta non-sélection laisse pantois.

Côté football, on l'a vu.

Côté justice, l'affaire Matthew Simmons donne des arguments supplémentaires à ta défense.

Le 2 mai, en effet, le tribunal de Croydon, dans la banlieue de Londres, jugeait enfin l'énergumène.

Verdict : Matthew Simmons est déclaré coupable de *comportement et propos menaçants* contre toi.

D'autres que ce Simmons-là auraient baissé la tête, et tapé les copains du pub pour payer l'amende…

… Pas lui.

A l'énoncé de la sentence, il a traversé la salle du tribunal pour agresser le procureur.

Des choses comme celles-là ne s'inventent pas. Elles te donnent mille fois raison et plaident pour ta réhabilitation pleine et entière.

Rien que cette prolongation musclée à l'affaire de Crystal Palace aurait dû justifier ton rappel en équipe de France, et par la grande porte encore. Toi qui, toujours modeste, acceptait d'en être simplement le vingt-deuxième homme.

Ainsi va ta destinée.

D'un bûcher l'autre, s'écrierait Céline, autre maudit.

CANTONA AU BÛCHER

IL ÉTAIT UNE FOIS 1995

Pour mieux comprendre
le phénomène Cantona,
il était indispensable
comme dans un « flash back »
de cinéma, de revenir
sur l'année infernale
qui fit du héros de
Manchester United un
paria et un banni.
Voici, dans sa version
originale, en V.O. donc,
le long métrage
du procès en sorcellerie
qui conduisit Cantona
au bûcher.

Lever de rideau

L'offensé

Est offensé celui qui, le premier, a subi une offense. Il en demande, par ses témoins, rétractation ou réparation.

La qualité d'offensé n'est pas discutable : *s'il y a eu voie de fait, auquel cas elle appartient à celui qui a été le premier frappé.*

Une seule exception est admise : *si la voie de fait est la conséquence d'une offense grave faite à une mère, une épouse, une sœur, la qualité d'offensé appartient au fils, époux, frère, qui a frappé.*

Extrait du *Code de l'honneur et du duel*, par Georges Breittmayer, Editions Devambez, 1918.

... *Crystal Palace, Londres, 25 janvier 1995.*

Matthew Simmons dégringole des tribunes et hurle à la face d'Eric Cantona (Manchester United) :

Fucking French, bugger of you fucking mother, son of a bitch !

Autrement dit : « *Enculé de Français, enculée de ta mère, fils de pute !* »

C.q.f.d.

Match

1

OPÉRATION KUNG-FU

Dear Éric,

Donc, tu restes...

Mais à quel prix ! Et non sans risque...

On l'a vu encore, à la mi-août, quand Alex Ferguson, ton manager, a dû prendre l'avion illico pour Paris et négocier ton retour devant, se régala la presse anglaise, une assiette d'escargots et un verre de Beaujolais.

Malin, tu l'avais invité au Sherwood, une auberge de l'Opéra où flotte le symbole de Robin des bois et donc de tous les rebelles.

Encore une fois, « Fergie », comparé par le *Daily Mirror* au Kissinger des années 90, a dû sortir de son jus de crâne des tonnes de diplomatie pour te ramener dans le droit chemin d'Old Trafford, le stade mythique de Manchester United, ton havre et ta cathédrale de lumière.

Tu l'avais abandonné brutalement, suite aux injonctions tragi-comiques de la Fédération anglaise arc-boutée sur la lettre et non l'esprit de ses sanctions et autres bannissements. Ton nouveau crime ? Avoir disputé un match d'entraînement — à huis clos ! — pour tester ta forme physique à quelques semaines de ton retour, et alors que ta peine (huit mois de suspension) était sur le point d'être purgée.

Écœuré, tu débarquas à Roissy avec armes et bagages, ton mètre quatre-vingt-cinq d'athlète disparaissant sous une montagne de sacs de sport empilés sur le chariot métallique de l'aéroport.

Tes coéquipiers étaient en Malaisie, pour la tournée d'été.

Tu étais coupé des tiens : Isabelle, ta femme, Raphaël, ton fils, sept ans et la petite Joséphine, trois mois, restés à Marseille.

Tu n'avais plus qu'une cassette de Jim Morrison, pour accompagner ton spleen.

« Heartbreak hotel » (l'hôtel des cœurs brisés) titra le *Mirror*, parodiant un des premiers Elvis.

Tu avais le Novotel blues...

Pour échapper à la vieille Fédé et au harcèlement textuel des braconniers d'arrière-salles de presse, tu avais pris l'avion du soir. Celui de cinq heures.

L'Inter de Milan, alerté par la rumeur, sortit une nouvelle fois son carnet à gros chèques... Heureusement pour Manchester, Ferguson brava l'ulcère et le plat d'escargots pour te convaincre de revenir.

C'est dire que ta situation reste fragile, même si tu fais front. Crânement.

Tu sais quel charivari te guette désormais et combien, ta deuxième vie, en Angleterre, s'annonce tumultueuse.

Mais en attendant — pour combien de temps ? — tu restes... Et tu forces le respect. Début octobre, tu as remis ça. Comme pour un canter avant le Grand Prix, tu devais rôder ton coup de pied et ton coup de reins sur une pelouse buissonnière du pays de Galles, à Swansea, mais tu plantas ton sabot, dès le 1er, un dimanche, jour du Seigneur, of course, face à... Liverpool, dans un choc de géants. Et tu fus géant.

Adieu l'Inter, Milan, le Real, Barcelone et les autres. Adieu dollars, francs suisses, lires ou pesetas…

Tu as choisi la fidélité à ceux de ton clan : les Red Devils (les Diables rouges) de Manchester United.

Dans son tout récent livre (*Une année dans une vie)* Alex Ferguson, ton entraîneur, est passé au parloir. Il y raconte les affres vécues par le club après ton expulsion à Crystal

Palace, en janvier 1995, ta leçon de kung-fu sur un hooligan et ta suspension record (huit mois) qui a coûté si cher à vos couleurs.

Vous avez tout perdu, fors l'honneur, mais la *Cup* (la Coupe) est allée à Everton pour un but d'écart, et le championnat aux nouveaux riches de Blackburn. Pour un point de moins ! Rageant… Alex, qui avait fait sauter la banque l'an passé (United avait réussi le doublé) grâce à son Cantona, son atout maître, a beaucoup hésité à conserver son étoile — toi donc — en passe de devenir filante.

Il t'a soutenu, certes, face aux aboyeurs de tribune, au jury démagogique des journaux populistes et devant toutes les commissions de discipline, tribunal compris, du Royaume, mais il a aussi douté : *J'essayais d'imaginer l'avenir de Cantona. Comment pourrait-il surmonter l'hostilité et survivre dans ce pays après ça ?* (…) *Je n'imaginais pas qu'Eric puisse rejouer pour le Club.* Fergie n'était pas loin de t'indiquer la sortie d'Old Trafford, ton Olympe et ton Zénith, par la petite porte des coulisses.

Et puis ta sincérité, ta franchise, ta bonne foi l'ont touché. Et il t'a donné une deuxième chance. Seulement, après le contrat à 180 000 francs par mois des années-confiance, il t'a imposé une assurance de bonne conduite : *Le nouvel accord reflète la situation : le besoin d'Eric de jouer* (...) *Il recevra un salaire de base, et nous lui paierons une prime pour chaque match disputé. Le coût de l'incident de Crystal Palace fut immense pour le Club. Seul un imbécile dirait qu'il ne nous a pas coûté le titre.*

Te voilà donc payé à l'indice de performance ou, plutôt, de rendement. Beau joueur, Ferguson précise que tu as toi-même *suggéré* cette solution. De quoi clouer le bec des *mouettes* de Fleet Street, la rue des journaux à Londres.

Tu restes, et tu rejoues. Et c'est comme si c'était toute l'Angleterre en chapeau melon et Doc Martens qui adoubait enfin Cantona-le-rebelle pour en faire un excentrique *Gentleman Eric.*

Tu as purgé ta peine : les huit mois de suspension. Plus le reste, amendes, travaux d'intérêt général, etc. Et tu repars bannière au vent. *Chevaleresque*, s'incline Ferguson sur son carnet de notes.

Dans trois ans, contrat oblige, tu finiras peut-être Lord.

By Jove !

Tu es déjà professeur, il est vrai.

Prof !

Tu dois ce titre de circonstance à un autre prof — de musique celle-là. Mrs. Jean Pearch, juge amateur et reine d'un jour, rêvait pourtant de t'envoyer au violon pour une fausse note en public.

Ton crime pour Mrs. Pearch et le chœur des censeurs de la City ? Un couac assez violent, crampons au vent au-dessus d'une énorme publicité pour McDo, contre un soprano belliqueux échappé de la chorale des hooligans de Crystal Palace, le 25 janvier 1995 :

Enculé de bâtard de Français !
Enculée de ta mère française !

... s'époumonait le provo impudique.

Toi, tu étais raide comme la justice. Plus raide que la plus raide des justices. Tu as toujours le buste droit quand la fatalité d'un carton rouge, brandi sous ton nez par un arbitre inflexible, te commande de prendre sur le champ le chemin des vestiaires, de la solitude et de la honte.

Là encore, face au marquage strict — dit *à la culotte,* selon les fétichistes de tribune — de Richard Shaw, le défenseur de Crystal Palace, tu as virilement disjoncté... 0-0 à la mi-temps dans un match dont l'enjeu n'est autre que le fauteuil éjectable de leader... Tu as ta gueule bien fermée des mauvais jours et tes chevilles qui bleuissent petit à petit sous la griffure répétée des crampons...

On joue la 48e minute. Shaw fait son show. La griffure se fait morsure. Il t'abat. Ta semelle se rebiffe. Tu vois rouge... comme le carton que le docte *referee* s'empresse de sortir de sa poche. Sans appel.

Le buste encore plus raide que d'habitude, donc, tête haute, regard vide et charbonneux, tu quittes le terrain sous la bronca des *loyalists, barrackers, hooligans* et autres *nutters* [1], quatre des dix plus perfides catégories du public du football britannique, selon la classification du très universitaire professeur Desmond Morris, chercheur réputé de la Société zoologique de Londres, auteur de best-sellers mondiaux *(Le Singe nu)* sur le zoo humain et, accessoirement, dirigeant de l'équipe d'Oxford United. L'expert plus.

Tu longes maintenant la ligne de touche. Tu ne vois pas le hooligan dégringoler du poulailler, comme on dit au théâtre. Dans sa cacophonie anarchique et sourde, le concert des injures accompagne tes pas et se fond en nébuleuse.

Le stade est comme un échiquier.

1. *Loyalists* : comme leur nom l'indique, les loyalistes. Inconditionnels, voire dévots. La défaite n'est *jamais* de la faute de leur équipe.

Barrackers : les aigris du stade. Les hypocondriaques. Pratiquent l'humour amer.

Hooligans : Fans dévoyés, provocateurs et bagarreurs. Frappent en bandes.

Nutters ou *animals* : de vraies bêtes. Vivent en commandos sauvages. Violents.

Il y a des rois (comme toi), les attaquants ; des chevaux (les équipiers) et des tours de défense (les arrières adverses).

Tous les matches ne sont pas des *immortels*, comme la célèbre partie d'échecs qui se déroula à Londres en 1851 et qu'Anderssen, sacrifiant deux tours au noble Kieseritzki, remporta pour la postérité.

Non, mais ta sortie, digne des jeux romains, à Crystal Palace où un arbitre imperator baisse le pouce, te livrant aux lions des tribunes, fait irrésistiblement penser aux abîmes dans lesquels le Grand Maître Loujine, champion hors d'atteinte des échecs, mis en scène par Nabokov, se trouva plongé.

Comme toi, Loujine joua à Manchester, où il réduisit le champion anglais au rôle de figurant.

Un jour, il rencontre le signor Turati, un Italien à l'imagination impétueuse. Loujine était le plus fort, comme toi dans ton art. Mais, comme au foot, les échecs étaient (déjà) sans pitié…

Soudain, il s'aperçut que Turati se tenait debout, les mains derrière le dos. « Partie interrompue, maître, dit une voix derrière lui (…) —Non, non, encore, supplia Loujine, cherchant du regard celui qui avait parlé. — Partie interrompue », répéta derrière lui la même voix. Loujine s'aperçut que des inconnus s'étaient rués, féroces, vers l'échiquier, cet échiquier où, tout à l'heure encore, était concentrée toute sa vie, et qu'ils se disputaient et hurlaient en déplaçant vivement les pièces (...).

Tout s'assombrissait devant lui et, dans la salle, chaque objet aux contours imprécis le menaçait d'un échec au roi. Il lui fallait se sauver (...) Une ombre noire se mit subitement à tourner autour de lui (...). « Par ici ! » lui dit vivement l'ombre, et Loujine fit un pas en avant, et quitta cette salle effrayante (...) Il échoua dans un local empli de fumée, où étaient attablés des fantômes tonitruants. Dans chaque coin de la salle, une attaque se préparait contre lui (...).

Voilà. Tout est dit.

Remplace *Turati* par Richard Shaw (c'est beaucoup d'honneur), *la voix* par le sifflet de l'arbitre, *Loujine* par Cantona, la *ruée des inconnus* par celle des hooligans, l'*échiquier* par le terrain de foot, *l'ombre* par celle de ton coéquipier, Peter Schmeichel, courant à ton secours, la *salle effrayante* par le stade en ébullition, le *local enfumé* par les vestiaires, et les *fantômes tonitruants* par les stewards de Crystal Palace, *l'attaque*, enfin, surgie de tous les coins, avec ces jets de thé bouillant qui vont brûler ton visage… et la scène est la même que celle décrite au scalpel par le romancier.

Nabokov, chroniqueur sportif !

Oui, même tension, même incompréhension stupéfaite du joueur, à se cogner la tête, ici contre l'échiquier ou les figurines emmêlées sur les tables, là, sur la pub à McDo du stade, et la bouille hilare du hooligan arrogant qui semble ne plus attendre que tes crampons.

Même *brouillard* aussi, dans les têtes.

Contre toi, ce sont les mots qui font mal. Les jurons, les insultes. Une seule te cingle :

Enculée de ta mère française !

L'injure fait mouche. Tu as les méninges et les tripes en feu. Comme un toro bravo transpercé par le soleil au sortir du toril si noir, si nuit, tu bondis sur l'ennemi invisible. Tu es aveuglé par la fureur. Tu te repères à la voix, tu frappes presque au jugé mais, miracle, tu ne manques pas la cible. Et, dans le rougeoiement de ta colère, tu arraches l'impudent à l'anonymat courageux des tribunes londoniennes en un décollage de karatéka olympique qui laisse pantois les autres spectateurs emmitouflés sous leur bonnet aux couleurs du club, et leur grosse écharpe de laine.

Banzaï !

La télé était là...

... comme l'œil dans la tombe.

Impossible, pour une vendetta réflexe, d'échapper au témoignage le plus imparable des temps modernes.

Ton coup de pied au but (vraiment au but) — un certain Matthew Simmons — fait aussitôt le tour du monde, catapulté en images-seconde par satellites : BBC, ITV, TF1, France 2, France 3, Canal Plus, LCI, TV Espagne, RAI Uno, NBC, CBS. et, bien sûr, CNN, la chaîne universelle qui met la terre entière à l'heure (et à la mode) américaine rivalisent de spots à sensation. Puritain austère de la City ou bronzé musclé d'Honolulu et de Miami Beach en avalent leur parapluie ou leur hamburger de plage.

Voilà Cantona propulsé en ouverture des news internationales, rayon faits divers, catégorie Arts martiaux. Une minute pour l'éternité.

La basse presse de Fleet Street, délocalisée aux portes de Londres — signe des temps et de crise —, dégaine aussitôt ses stylos rageurs. A coups de gros titres et de pleines pages, elle se répand en imprécations orageuses, ranimant à couches d'encre épaisses la guérilla multiséculaire qui dresse Albion contre Lutèce, l'Angleterre face à la France et qui, d'Azincourt à Mersel-Kébir, de Madras à Sainte-Hélène, du règne de Charles VII à celui de Charles X, fit tonner la voix des meilleurs Français. Jeanne, bien sûr, mais aussi Crillon, La Bourdonnais, Jean Bart ou Richelieu, Robespierre lui-même, l'empereur à l'agonie sur son rocher prédisant dans son dernier souffle : *Vous périrez comme la superbe République de Venise !* Et Georges Clemenceau — le Tigre — partagé face à Lloyd George sur les *grandeurs et misères d'une victoire* au lendemain même du succès commun de 1918 !

A son tour, étoile de fin de siècle, artiste libertaire et divertisseur public, Canto Eric monte au bûcher, victime des brûlures de l'Histoire.

Jeanne d'Arc elle-même sur ses fagots à Rouen :

> *Sur le bûcher de bois sera ma mort humaine,*
> *Et mon corps brûlera, que j'avais gardé sauf,*
> *La flamme embrasera mon corps pour la douleur ;*
> *La foule sera là par la place, anxieuse…*
> Etc. (Péguy)

n'étant plus, en la circonstance, que l'indémodable héroïne d'un feuilleton historique sans suspense ni happy end, bien sûr…

Eternelle escarmouche.
Eternelle bataille.
Guérilla sans fin...

Hier déjà, en 1992, le respectable *Sunday Times*, dans son supplément coloré, avait repris à son compte la campagne archaïque et violemment antigauloise du populeux *Sun,* jamais en retard d'une guerre de Cent Ans, d'une outrance ou d'une provocation de pub. Comme, par exemple, souvenirs souvenirs, celle de 1984.

Fort de ses quatre millions d'acheteurs matinaux (soit douze millions de lecteurs), le *Sun* jouit de la plus large distribution des journaux d'outre-Manche. Rien de mieux, pensent alors ses directeurs de marketing, costume de cadre, chemise mauve et cravate flashy, que de viser sous la ceinture des prolos en denim, pour faire monter la pression. Et le tirage.

Le prétexte tombe, providentiellement.

Deux camionneurs anglais et leur chargement de gigots ont été arraisonnés par des paysans bretons en colère. La guerre du mouton donne la fièvre, Maastricht n'est encore qu'un leurre de fonctionnaires bruxellois, l'appât des technocrates des villes contre les Chouans des champs, mais déjà les représailles s'organisent sur la Tamise.

Aussitôt dit, aussitôt écrit.

Le *Sun* lance à fracas de titraille un grand concours d'histoires antifrançaises dignes des blagues antibelges de Coluche ou des sarcasmes anti-irlandais des loyalistes de Belfast et de leurs acolytes des Glasgow Rangers au protestantisme intégriste noyé de whisky sans âge.

Bien sûr, les lecteurs sombrent dans la caricature collective aussi défraîchie qu'une bière sans mousse. La rose anglaise tourne au buisson d'épines contre *ce vieux peuple de coqs déplumés, aveuglé par la fatuité et ravagé par l'alcool anisé...*

On est loin des piques exquises de Philip Sidney, contemporain de Shakespeare et parpaillot pur malt. Son anticatholicisme maladif et militant le conduisait à railler *cet ennemi si charmant, la France,* à la grande jubilation de l'écrivain catholique et francophone Anthony Burgess qui lui faisait écho, tout récemment encore.

Sans le vouloir, par la nature de son œuvre, l'auteur de *Orange mécanique* a donné ses lettres de noblesse aux plus vils hooligans du royaume, mais, pour lui, Sidney, parfait exemple de la chevalerie britannique, était assez honnête homme pour reconnaître la grande qualité de l'ennemi : le charme d'une civilisation faite d'une littérature raffinée, des subtilités de son art culinaire, de vins capiteux, de femmes séduisantes... Et si, selon Burgess, les Anglais éprouvent une certaine *Schadenfreude* (joie sadique) devant la détresse qui, dit-on, accable parfois la France, ils obéissent en fait à la tradition d'inimitié nourrie par leur île brumeuse depuis que les Tudors (qui, d'ailleurs, étaient gallois) ont balayé nos Plantagenêt après un règne de quatre siècles...

Et Dieu dans tout ça ?

A Manchester, Dieu s'appelle Cantona. Comme Guillaume qui, en 1066 à Hastings... — stop — tu es parti, à ton tour, à la conquête d'Albion. Ou plutôt de Leeds, d'abord, puis de Manchester, bref, du vieux Nord industriel, appauvri par l'enlisement dans des crises à répétition, ce que Londres, vieille lady — dont tu combats, balle au pied depuis cinq ans, les meilleurs chevaliers en maillot, qu'ils soient d'Arsenal, de Chelsea ou de... Crystal Palace —, ne te pardonne pas.

L'opération coups de poing de Crystal Palace est donc l'occasion rêvée pour te donner une leçon... Mrs. Jean Pearch fait bouillir la marmite de sa justice à la petite semaine. Mi-magistrat, mi-ménagère, elle te concocte un verdict aux petits oignons, où le mot *prison* tombe comme une branche de *Jalapeno chili,* le piment le plus rouge. Te voilà assaisonné. Son panier à salade est pour toi.

Heureusement, la chambre d'appel sera sensible au tien. Elle cassera la condamnation de la dame pour te transformer en éducateur d'occasion auprès des gosses d'une banlieue difficile. Prof, donc.

2

La chasse au Canto

La chasse à la grouse, volatile dodu d'Ecosse, est un sport de grands espaces. *Famous Grouse* se vante un whisky de bonne facture et de consommation courante, dont la publicité claque orgueilleusement autour des stades.

La chasse au *Paki* (Pakistanais) est un sport de banlieue popularisé par les *street corner gangs,* ces bandes de quartiers pour qui le stade est un clocher et qui, la messe dite, déboulent des gradins sur les bougres enturbannés échoués à Londres dans la déconfiture de l'Empire.

La chasse au hooligan est, depuis vingt ans, le passe-temps obligé et l'alibi culturel de la basse presse qui crache à rafales de *Shocking !* ses avertissements sans lendemain.

Pour elle, lundi 27 janvier, le gibier de saison est un animal sauvage à poil ras, museau fin et long mangé de barbe, et répondant à l'appellation latine de *Cantonam Brutus Bastardum*. Cantona le bâtard « *Bastard* » !

Le mot *bâtard* est un mot clé chez les hooligans. Presque un mot de passe. Normal, l'Anglais semble le porter dans les gènes. Du moins depuis 1837, date de naissance de la reine Victoria, mère de la royauté moderne. Dans leur livre *Les Gènes de la reine Victoria,* deux chercheurs, Malcolm Potts, embryologiste à l'université de Berkeley, et William Potts, zoologiste à l'université de Lancaster, doutent que Victoria soit la fille légitime de Victoria de Saxe-Cobourg, et d'Edouard, duc de Kent.

Contre ce Cantona griffé sur crampons, les stylos sont plus vite dégainés que pour le mystère Victoria. On tire à vue avec la jubilation secrète que donne un hallali de bonne conscience.

Attention, chien méchant, décrètent les pittbulls domestiqués de Fleet Street. Ceux-là même qui, d'une plume laudatrice, avaient salué le choix de *Bulldog Bobby,* un arrogant molosse aux crocs acérés, pour mascotte officielle de l'équipe d'Angleterre lors du Mundial 82 en Espagne... Treize ans plus tard, Bulldog

Bobby fait encore des émules chez les dresseurs de copie et redresseurs de torts...

On mord sous la ceinture.
On exécute.
On flingue.

La chasse au Cantona n'émeut personne. Au contraire. C'est un carton de fête foraine. Cantona, figure de proue, devient tête de pipe. Et les gibecières se garnissent du gibier nouveau, traqué par tous les poseurs de pièges du pays.

Ceux du *Sun*, par exemple.

Ils nourrissent tous les jours l'appétit pantagruélique des dévoreurs d'informations à grands et petits scandales.

Voyou ! mitraille l'artilleur de la titraille. *Qu'on le mette dehors et pour de bon !* Sur deux des douze pages spéciales consacrées à Cantona, un certain John Sadler se déchaîne comme un chef de meute. Pour lui, *Canto est un génie avec une mentalité d'homme des cavernes...* Tel l'immigré clandestin raflé sans papiers dans les brûlures ou l'enfer froid des banlieues de *La Haine*, le film du déracinement intégral de Mathieu Kassovitz qui a cloué sur leur fauteuil des salles obscures les très chics intellectuels de la culture patchwork, Cantona se voit sommé par le chroniqueur déchaîné de *prendre le premier avion pour la France... Il doit être déclaré hors la loi partout sur terre,* conclut cet Attila de la déontologie sportive et journalistique.

D'autres Huns du stylo se mobilisent vers la même exécution sommaire :

Cantona, la honte. Est-ce la fin du footballeur fou ? pronostique avec de grands airs de psychanalyste le procureur du *Daily Mirror*. Le diagnostic sombre tourne au verdict solennel : *Cantona ne doit plus être autorisé à jouer dans notre pays... Toute autre mesure que cette sanction extrême serait une trahison de notre jeu... Son acte de sauvagerie est le plus ignoble qu'il m'ait été donné de voir depuis vingt ans.*

Virez-le ! renchérit *Today. Le génie n'est pas une excuse. Cantona ne doit plus être autorisé à toucher un ballon dans ce pays. Il a agi comme un animal sauvage. C'est un encouragement au hooliganisme.*

Horrible ! Un moment de folie insupportable, surenchérit le *Daily Telegraph* qui désigne du même ton de procureur la direction à prendre : *Cantona doit faire ses bagages et reprendre son périple de nomade en Europe.*

On pourrait tirer le rideau et stopper là cette revue de presse aux relents xénophobes.

Toi, tu avais déjà beaucoup vu, beaucoup lu dans ta carrière largement accidentée où les faits d'armes balle au pied alternent, hélas, avec les faits divers.

Alors, comme Dustin Hoffman, l'acteur de poche qui donne une leçon de comédie dans son rôle d'autiste génial (*Rainman*), tu replies très vite ces mauvais papiers accumulés sous ton nez et sur ton nom et tu te replies sur toi-même. Tu t'emmures dans ta tête. Peut-être cet auto-enfermement est-il inscrit dans tes gènes.

Ta maison de Manchester devient un fort Chabrol que l'armée de l'ombre des paparazzi ceinture à distance respectable. Tapis dans le dédale des ruelles, à trois cents mètres, ils braquent leurs caméras-bazookas sur leur cible à la manière de paras-commandos. Rien n'est trop beau, trop lourd (cinq à six kilos l'engin), trop grand (ils sont armés de six cents millimètres triplés, emboîtés les uns dans les autres) pour capturer l'embusqué. Ils sont là, jour et nuit, depuis que le bus noir et blanc d'United t'a ramené de Crystal Palace et rendu à tes foyers.

Et ils shootent, ils shootent, ils shootent inlassablement... Raphaël, sept ans, ton fils, qui s'offre même, jureront les photographes, un bras d'honneur bien dans ta tradition.

Jeff Powell, fine plume du *Daily Mail,* en profite pour lire dans tes pensées à distance. Dans son bureau cosy de Londres, je l'imagine dodeliner de la tête et pencher sa lourde crinière de mouton sur sa copie blanche et son marc de café. J'ai bien connu Jeff pendant l'épopée de Saint-Etienne — les Verts — en 1976-1977 avec Liverpool et Glasgow pour chemin de croix. Guinness pression, gin-tonic ou whisky en main, avec une équipe de solides confrères, nous avions établi un camp de base dans le seul pub irlandais de Buenos Aires lors du Mundial où l'équipe de France de Platini, Trésor et Rocheteau avait fait l'admiration des Anglais pour son élégante défaite face à l'Argentine d'Ardiles et de Kempes. Un Camerone en gants blancs.

Sympa Jeff. Drôle et raffiné. Avec stupeur, je découvre sous sa plume légère un soupçon qui ne te ressemble pas. Ton silence prolongé lui inspire, en effet, d'hypothétiques spéculations sur la vente supposée — et au prix fort — de ta version des faits.

J'ai compris ce jour-là que Jeff ne te connaissait pas. On ne t'arrache ni Mémoires ni confidences sur la simple promesse d'une liasse de livres sterling dévaluées. Et tu l'as prouvé en éconduisant, naguère, un chroniqueur qui t'avait proposé cinquante mille francs cash pour te suivre pendant une semaine.

D'autres que Jeff Powell ont fondu sur ton écart de conduite pour bâtir de véritables arguties d'école. Ainsi Martin Jenkins. Son Cantona sur commande tourne à la thèse universitaire. Lis le *Times*. Il est digne de la vénérable institution. Grâce à toi, en dribbles savants, Jenkins passe en revue les mérites comparés du système éducatif français et anglais. Et devine qui gagne ?

Mais l'Oscar de la mauvaise foi ou de l'inexpérience revient sans suspense au rubriquard du *Sunday Express*.

Mr. Des Kelly, la trentaine avenante, s'autoproclame témoin et pérore à l'infini. Il se trouvait — comme d'autres — à une dizaine de mètres de la scène, en surplomb dans la tribune de presse. Et il raconte à qui veut l'entendre avec une faconde de Méridional incontrôlable, bien qu'il aime plutôt passer des vacances sur la côte basque :

Eric se dirigeait vers les vestiaires, l'air absent. Soudain, j'ai vu son visage se décomposer. Un supporter parmi d'autres venait de le pointer du doigt. Je n'ai pas entendu les insultes de ce type qui était descendu d'une dizaine de rangs pour venir provoquer Cantona, mais j'ai vu d'assez près le visage d'Eric, et j'ai vraiment cru qu'il était devenu fou ! Là, franchement j'ai eu peur.

Le type de Manchester qui l'accompagnait n'a pas senti venir le drame. Comment imaginer qu'Eric passerait par-dessus la barrière et frapperait le supporter comme un karatéka en folie ? Non, c'est incroyable. Il aurait pu le tuer si ses crampons avaient atteint la gorge.

De toute ma carrière, je n'avais jamais vu un tel acte de folie. Ça n'a duré que quelques secondes, mais ça a vraiment été terrible.

On est tous restés interdits devant cette scène. Des supporters qui insultent des joueurs, il y en a dans tous les stades et tous les jours. Mais le gars en question n'a pas franchi les barrières, lui. Il est resté dans ses droits de spectateur. Ce n'est pas intelligent d'injurier les joueurs mais lui, au moins, n'a pas cherché à frapper.

En rapportant fidèlement ces propos dans *L'Equipe*, Eric Bielderman en est resté sans voix puisqu'il nous les livre sans commentaire. En fait, Bielderman, qui t'a toujours soutenu jusque-là, est KO debout, lui aussi, à Crystal Palace. Pour lui, tu as transgressé un tabou. Il me l'a dit franchement, sans acrimonie, plaidant plutôt pour son confrère (et néanmoins ami), Mr. Kelly.

No comment, comme ce titre choc d'*Euronews*. Du Rwanda à Sarajevo en passant par les tremblements de terre de Kobe ou des îles Sakhaline, la chaîne d'informations câblée déroule sous nos yeux tous les abattoirs du monde. Sans un mot. L'image dit tout, et frappe au cœur.

Cette fois, au contraire, ce sont bien les mots qui comptent. Le poids des mots. Et, pour la circonstance, ceux de la mauvaise foi ou, dussé-je me répéter, ceux de l'inexpérience.

En vingt-cinq lignes, Des Kelly nous en dit plus sur la cabale anti-Cantona dont il se révèle, en toute désinvolture, l'agent de transmission le plus sournois.

Que penser, en effet, d'un *témoin* qui *n'entend pas les insultes* à dix mètres de la scène, qui taxe trois fois *Eric* (remarquez la familiarité) de *folie*, prétend n'avoir *jamais vu un tel acte de toute sa carrière* et, comble de la partialité, justifie le comportement de l'insulteur *resté dans ses droits de spectateur*... Comme si *le droit à l'injure* faisait partie de la déclaration universelle de l'acheteur de billet de stade !

Et si, Eurotunnel oblige, Des Kelly se retrouvait noyé parmi les agitateurs rasés de la tribune Boulogne du Parc des Princes, accepterait-il de supporter à dix pas une injure aussi colorée et ciblée que celle de Matthew Simmons, l'impudique de Crystal Palace, version gauloise :

Enculé de bâtard d'Anglais
Enculée de ta mère anglaise…

Rester muet après avoir été sourd (*Je n'ai pas entendu les insultes*) révélerait pour le moins une nature écouillée. Cantona, lui, a entendu et réagi à la Jerry Lee Lewis, le vieux rocker-killer exhibant en chanson ses *Great balls of fire.* En avoir, ou pas !

Un autre témoin, lui, n'a eu que le *Manchester United Magazine* pour tribune. Il était à trente mètres de la scène, soit trois fois plus loin que Des Kelly. Pat Crerand est une ancienne gloire du Club. Donc, suspect de partialité. Lui, en tout cas, a entendu clairement fuser les injures *calling Eric all the names under the sun*, et vu, de ses yeux, le provocateur dévaler vingt rangées de sièges pour aller cracher son venin sous ton nez.

Pat Crerand n'est pas chroniqueur au *Sunday Express*. Il n'a que deux modestes colonnes et sa photo dans le magazine de son Club.

Si j'étais le patron du *Sunday Express*, je n'hésiterais pas à transférer Des Kelly, vrai-faux témoin travesti en faux-vrai journaliste, au

Crystal Palace Magazine... Et j'engagerais aussitôt Pat Crerand.

En attendant, Kelly sévit sur ton dos. Comme la cible multicolore qui orne les arrière-salles des pubs du Royaume-Uni, ton numéro 7 est visé — cœur de cible — à plumes tellement acérées qu'elles ressemblent à des fléchettes.

Ces Kelly-là, hélas, sont partout.

Il y en a même chez nous. Car, dans la bataille, la France a cru devoir fournir son escouade de supplétifs.

Triste Sir, t'abat d'un (bon) titre cet éditorialiste du soir réputé pour son sadomasochisme d'écriture et qui n'a jamais vu un joueur de foot, un vrai, à moins de cinquante mètres.

Celui-là ne te passe rien et, comme l'article qui voisine le sien, rêve tout haut de ta *radiation à vie.*

Epinglant ton image et ta passion de la peinture, il exécute en trois sentences ton bagage artistique et ton parler rude :

Un barbouillage ? Un Picasso !
Une grossièreté ? Du Coluche !
Un caprice ? C'est James Dean !

allant jusqu'à te prédire un impossible exil dû à la toute récente catastrophe du... tremblement de terre de Kobe — 5 000 morts.

Je cite (sans rire) :

Jusqu'ici, le Japon représentait la terre d'exil idéale pour les bannis et les gloires finissantes, mais aujourd'hui le pays du Soleil-Levant est suffisamment frappé par le malheur…

Conclusion logique du folliculaire vespéral et figurant de tribune :

Peut-on alors demander une faveur aux Anglais qui nous tourmentent depuis si longtemps ? Please, keep him ! On vous en prie, gardez-le !

Oublions Des Kelly à Londres. Oublions son sparring-partner parisien et cet art réciproque de renvoyer le ballon pour la galerie…

Plus doctement, *L'Equipe*, quotidien exemplaire du sport académique, toujours plus ou moins en délicatesse avec les grandeurs et servitudes du sport spectacle, tonne contre *le coup de Trafalgar d'Eric Cantona.* Rien à dire, sauf à la lecture de la deuxième ligne : *Le joueur français a subitement disjoncté et agressé un supporter dans la tribune…* Ce qui est très exactement et très chronologiquement l'inverse. Sorry, confrère.

Enfin, *Le Monde* vint. Saupoudrant ses commentaires de la distance respectable et de la morale réglementaire qui font le chic de cette institution de la presse à vocation déontologique, il se contente d'une accroche laconique et glacée : *Hooligan*. Le mot de trop.

3

Du sang et des larmes

Les Français ont la mémoire courte, dit-on.

Les Anglais aussi.

Mr. Des Kelly, du *Sunday Express* (je m'acharne) et bientôt, peut-être, correspondant de *Crystal Palace Magazine,* n'en a pas du tout. Ou n'a pas de *carrière,* malgré ses prétentions.

Affirmer au sortir de Crystal Palace-Manchester United *n'avoir jamais vu un tel acte de toute sa carrière* relève de l'innocence benête, de l'amnésie contagieuse — ses confrères aussi ont la mémoire qui flanche — ou d'un grand coup d'Alzheimer sous la casquette.

Un Français (eh oui !), un journaliste, un vrai — et du *Monde* —, nous prouve qu'entre janvier 1980 et ce janvier 1995 — quinze ans pile donc — Mr. Des Kelly et ses semblables n'ont dû suivre leur football qu'à travers l'exploitation candide de matches amicaux virtuels (et encore...) ou la transposition sportive des romans à l'eau de rose de Barbara Cartland.

Car si le football anglais, côté face, c'est la magie de Wembley et sa cathédrale de lumière ou encore le cérémonial monarchique de la Cup, la légende prolétarienne de Liverpool, ou le mythe universel de Manchester United, c'est aussi, côté pile, un long feuilleton de série noire où les spectateurs des tribunes familiales subissent la traque barbare des hooligans et autres skinheads shootés à la musique *oi* (abréviation de *O, you* — hep, toi), cri de ralliement commun des ultras londoniens, emprunté, comme il se doit, au patois cockney.

Donc, merci et bravo à Philippe Broussard, reporter de terrain comme on les aime, qui a donné cinq saisons de sa jeune carrière à sillonner l'Europe des fans. Il a suivi des centaines de matches de football, n'hésitant pas à se mêler aux supporters les plus extrémistes. Il en a sorti un ouvrage de référence unique au titre trop froidement séguélien, *Génération supporter* (Robert Laffont), et raconte de l'intérieur, en 375 pages, *un monde que ni les dirigeants ni les joueurs ne cherchent à comprendre.* Et moins encore Mr. Des Kelly.

Broussard a joué les Maigret. De pub en pub, de zone en zone, de banlieue en banlieue, il a quadrillé la carte des points chauds de Grande-Bretagne : Glasgow (catholiques du Celtic contre protestants des Rangers), Leeds, Liverpool, Manchester et le Grand Londres aux sept clubs à risques — oui, sept clubs-phares, tous rivaux, et tous à risques — dont Millwall, Tottenham, Westham et surtout Chelsea. Une enquête de commissaire.

Le résultat, c'est un impressionnant tableau d'affichage morbide digne du bilan d'un hôpital de campagne après une semaine d'émeutes.

En 115 matches à sensation, soit 230 heures de jeu et de rixes, on a relevé 7 morts et 670 blessés hospitalisés. La police a procédé à 2 847 arrestations.

Aucun club, du plus huppé au plus démuni, du plus titré au moins honoré, du plus prospère au plus endetté, n'a échappé à cette fièvre des samedis après-midi anglais. Citons pour l'anecdote des villes et des stades exclusivement connus des monomaniaques du football britannique : Wigan, Grimby, Tranmere, Barnsley, Exmouth, Fleetwood, Port Vale, York, Darlington, Southend, Scarborough, Bishop, Exeter, Enfield, voire la très balnéaire et langoureuse Bournemouth réputée pour ses plages de sable et ses universités d'été où des générations d'étudiants français ont joué l'éternel scénario de *A nous les petites Anglaises*. Aucune de ces cités sans histoire n'a échappé à la tornade, à l'émeute et au pillage. Ne seraitce qu'une fois.

Mais Mr. Des Kelly ne connaît peut-être pas sa géographie insulaire.

Sans doute ignore-t-il aussi le championnat des clubs à haut risque tel que l'établit sans discussion possible l'enquête scrupuleuse de Broussard Junior. Le championnat du sang et des larmes.

Incidents graves

1. Chelsea (24)
2. Leeds (20)
3. Millwall (13)

Morts

1. Leeds (2)
2. Millwall (1)

Blessés

1. Leeds (204)
2. Chelsea (171)

Arrestations

1. Chelsea (858)
2. Leeds (834)
3. Millwall (200)

Loin derrière se classent Manchester United (8 incidents graves) exaequo avec Sheffield et West Ham (7). Liverpool n'est impliqué que dans six journées noires, mais porte à jamais devant l'Histoire le poids d'une responsabilité collective dans le drame aveugle du Heysel (39 morts, 600 blessés) au début de la finale de la Coupe d'Europe 1985 face à la Juventus de Turin. Une tache qu'effacent à peine les 96 victimes expiatoires des *Reds* écrasées contre les grilles de Sheffield, un jour maudit de *Cup,* sous la poussée aveugle de leurs propres partisans, des centaines, dépourvus de billets.

Mr. Des Kelly, dont la *carrière* semble bien junior, n'était probablement pas à Bruxelles ce 29 mai 1985. Ni devant sa télé. Peut-être a-t-il pu échapper à la vision des corps empilés et des derniers soubresauts des victimes derrière le mur écroulé ?

Peut-être n'a-t-il jamais entendu parler des *Headhunters* (les chasseurs de têtes) de Chelsea ou, tiens, à propos, des *Selhurst Scalpers* (les scalpeurs du stade Selhurst) de Crystal Palace, des *Zoulous* de Birmingham City, ou du *Service Crew* de Leeds United, tous ces groupuscules surarmés qui rivalisent de terreur sournoise et d'attaques perfides sur le chemin des arènes populaires.

Un inventaire succinct du palmarès de la honte et des méthodes commandos passés au tamis de Philippe Broussard devrait condamner Mr. Des Kelly à compter les balles perdues aux îles Malouines, rebaptisées Falkland par le Foreign Office.

Voici, en vingt séquences-chocs seulement, cet éloquent décompte :

Janvier 1980 : Norwich-Wigan. Un policier blessé par... une fléchette. Ces fléchettes (*darts*), nous enseigne utilement le *Guide du routard* (et donc du footard), *ont fait leur apparition lorsqu'un patron de bistro, décidément agacé par les concours de crachats, imagina de détourner le jeu en leur donnant comme cible un rond de tonneau à atteindre avec de grands clous.*

Janvier 1980, encore. Swansea-Crystal Palace. Un mort.

Février 1980. Bristol-Chelsea. Charge de la police montée.

Septembre 1980. Middlesborough-Nottingham Forest. Un mort.

Janvier 1982. Tottenham-Leeds. Un mort.

Mai 1982. Swansea-Cardiff. Plusieurs policiers blessés par... des fléchettes.

Mai 1982. Arsenal-West Ham. Un mort (coups de couteau).

Octobre 1982. Chelsea-Leeds. Violents affrontements dans le centre de Londres. 217 arrestations.

Décembre 1984. Chelsea-Manchester United. Un patron de pub grièvement blessé au visage et à la main. Le coupable, Kevin Whitton, vingt-cinq ans, condamné à la prison à vie.

Février 1985. Chelsea-Cambridge. Un spectateur a la gorge tranchée par un tesson de bouteille.

Avril 1985. Liverpool-Manchester United. Saisie de balles de golf percées de clous.

Septembre 1985. Everton-Luton. Trente points de suture pour un supporter de Luton.

Février 1986. Liverpool-Manchester United. Attaque du bus de Manchester (jets de gaz lacrymogène). 22 blessés.

Mai 1986. Everton-West Ham. Un supporter de West Ham tabassé (116 points de suture !) par une vingtaine de fans d'Everton.

Janvier 1987. Sheffield. Mort d'un fan de Millwall.

Février 1987. Sheffield. Expédition punitive des fans de Millwall.

Novembre 1987. Swindon-Plymouth. Un supporter de Plymouth passé à tabac meurt à l'hôpital.

Mars 1989. Bolton. Arrestation de 26 supporters. Saisie de bombes fumigènes, d'armes d'arts martiaux et de pieds de chaise cloutés.

Mai 1990, enfin. Bournemouth-Leeds. Scènes d'émeutes. Vandalisme, pillages, agressions, bagarres. 70 arrestations.

Oui, vous avez bien lu.

Jets de fléchettes, coups de couteau, gorges tranchées, tessons de bouteille, balles de golf percées de clous, gaz lacrymogènes, défiguration, expédition punitive, lynchage, pieds de chaise cloutés, vandalisme et pillages... Des blessés, des infirmes, de la prison et des morts.

De 1980 à 1995, Mr. Des Kelly du *Sunday Express* n'aurait rien su de ces méfaits commis dans des stades bondés de trente ou cinquante mille personnes, les pubs de banlieue, les parkings des stations-service, les trains dévastés et jusqu'à Piccadilly, au cœur de Londres.

Rien su.

Ou rien vu.

Pour ce chroniqueur considéré, sinon considérable, du *Sunday Express*, le hooligan porte aujourd'hui un nom et un seul : le tien, Cantona.

Aux 7 morts, 670 blessés et 2 847 interpellés du championnat anglais, aux victimes des hordes britanniques sur le continent, aux 39 sacrifiés du Heysel, il oppose ta modeste parade kung-fu digne de te propulser au panthéon cinématographique des *Maîtres de Shaolin* ou des *Dix Tigres de Canton* qui ont nourri la célèbre révolte des boxeurs en Chine, perpétué la généalogie de Liu Chia Lang et inspiré l'œuvre esthétique de Bruce Lee.

Sans doute ton style un peu fruste en matière de washu (l'art martial) ne t'aurait peut-être pas placé en tête de la chorégraphie ou en haut de l'affiche du *Ciné Kung-fu*. Mais puisqu'on dit sous les mêlées d'Ovalie que le football est un sport de manchot, ta silhouette solitaire du chevalier provoqué, répliquant sans peur mais non sans reproche, t'aurait fortement rapproché de Wang Yu, le Manchot, réduisant à l'état de loques gémissantes les pirates égarés du Soleil-Levant et, dans son dernier film, l'armée nippone en décomposition avancée.

Tu rêvais d'être Mickey Rourke. Ils n'ont vu en toi qu'un Bruce Lee de série B.

Tu brûlais d'équipée sauvage. Te voilà sauvagement passé au lance-flammes.

Haro sur le hooligan, titrent tes bourreaux de tribune après le thé rituel servi en salle de presse.

Sept morts, 670 blessés et 2 847 arrestations plus loin, le coupable est enfin trouvé : Eric Cantona.

Le Frenchie, voilà l'ennemi…

4

Home, sweet home

Mais qu'es-tu allé faire dans cette galère ? (De *galera*, nom catalan, comme tes origines maternelles. Prédestination ?)

Galère ? L'Angleterre n'en est pas encore une pour toi quand tu y débarques, col de la chemise en jeans relevé sous le blouson de laine et mains dans les poches, peu après le Nouvel An 1992.

Happy New Year, Eric.

Soyons franc : Albion est alors ton canot de sauvetage. Tu commençais à ramer fort, en France. A souquer ferme. Et à contre-courant. Tu n'étais pas d'Aboville, l'héroïque au canot d'orgueil qui surfe sur les océans. En fait, tu étais complètement paumé. Tu dérivais, avoue-le. Alors, vogue la galère...

Arrêt sur images, donc.

Comme celle de Mickey Rourke, ton idole à fantasmes (*Neuf Semaines et demie, Blue Orchid*) descendu de l'Eden de Hollywood, ta carrière ressemble à celle du boxeur — Johnny — à qui Mickey, l'ange (noir), prête sa gueule à peine cabossée et ses poings dans *Homeboy*.

De ce film, où pousse à ses côtés une Lolita farouche, précocement endurcie, Rourke a dit avec une clairvoyance bien signée :

Homeboy, c'est mon univers, ma jeunesse, mes racines... C'est l'histoire d'un homme qui monte sur un ring parce que c'est la seule chose positive qu'il sache faire. Il y a une telle violence en lui que, s'il ne se bat pas, il est condamné à faire des conneries, mais plus il se bat, plus il se détruit...

Toi, le môme émancipé des Caillols — un quartier qui sent la dure et la rocaille — sur les collines de Marseille, face aux Grandes Bastides où, avant toi, poussa Jean Tigana, une autre bonne graine du foot, toi, fils d'une famille d'allure médiévale à la Depardieu, tu gonflais le jabot. Enfant, tu piquais déjà du crampon, comme d'un bec, sur tous les défenseurs des terrains vagues de Provence. Tu faisais forcément la joie de maîtres coqueleux du banc de touche, entraîneurs ou dirigeants d'un jour, qui pavanent devant leur couvée en survêtement du dimanche.

Entre deux chasses à la grive, tu retrouvais tes deux frères, Joël et Jean-Marie. Vous passiez votre temps à taper dans la balle sur un terrain vague dont les vestiges aujourd'hui ne sont que deux buts rouillés. C'était les Cantona contre *le reste du monde,* c'est-à-dire vos copains de classe et d'école buissonnière.

Enfin, c'est bien à la manière du Johnny de *Homeboy* et donc comme le Mickey de ta fascination, que tu es monté sur ton ring à toi : un terrain de foot. En professionnel.

Commence alors l'aventure nomade du sport spectacle en habit de lumière.

Auxerre d'abord. La pouponnière à Guy Roux. Entraîneur madré, mi-grognard, mi-fouettard, il recherche l'oiseau rare, coq compris. Ta crête est à son prix. Tu fais donc tes classes d'apprenti pro sous la baguette de ce paysan de race, un peu sorcier, toujours sourcier.

Marseille, bien sûr. Ta ville, sous Tapie — hélas ! — dont Jean Cau, planteur de banderilles et maestro d'écriture, moquait gentiment le nom *qui sonne comme une relance de poker.*

Prémonitoire, Cau. Le 18 juin dernier, jour anniversaire de sa mort, brave et solitaire face au cancer, on pouvait lire sous la plume rigolarde de Michèle Stouvenot dans *Le Journal du Dimanche : Claude Lelouch, l'œil allumé du flambeur qui abat un brelan d'as sur le tapis vert, nous l'annonce : il a engagé Bernard Tapie pour son dernier film.* Tournage en décembre. Avec l'OM et Tapie, tu partages à vie un titre de champion de France, cuvée 1989, que tu prends, dit-on, pour de la piquette, ou que tu as gommé de ton histoire, par souci d'éthique et d'esthétique. Mais ce n'est pas du cinéma. Un titre reste un titre.

Tu fus éjecté de Marseille pour avoir piétiné son blanc maillot sur un stade des Ardennes. Jean-Pierre Bernès, directeur général de l'OM, était à Sedan ce jour-là. Il a révélé la scène finale :

Le lendemain, il (Tapie) *m'appelle :*

— Tu montes aujourd'hui même avec Cantona à Paris.

Quelques heures plus tard, nous étions dans son bureau (...) Il a commencé par demander à son joueur pourquoi il s'était comporté ainsi :

— Vous vous rendez compte de ce que vous avez fait ? De la mauvaise image que vous donnez du club ? (...)

Tu levas les yeux, et te risquas :

— Excusez-moi, président, mais pourquoi est-ce que vous ne me tutoyez pas ?

— Parce que je ne tutoie que les gens que j'aime.

C'était fini : Cantona était cassé. Bon à jeter. Et d'ailleurs, dans la foulée, Tapie lui a annoncé qu'il était viré.

Pour le même geste de dépit, en 1975 — et dans la solennité de Wembley, pas à Sedan en match amical ! — Billy Bremner, la forte tête géniale de Leeds, et Kevin Keegan, alors star montante de Liverpool, s'en étaient tirés avec un gros sermon de Sir Matt Busby à la commission de discipline, et une poignée de matches de suspension... Tapie n'est pas Sir Matt, ça se saurait !

Sedan, donc, n'est pas ton Bazeilles. Tes prochaines cartouches, heureusement pas les dernières, sont pour Montpellier. En transit. Tu échoues dans les bras de l'opulent et transpirant président Nicollin, qu'une crise d'apoplexie finira peut-être par emporter sur scène. En Molière du stade.

Nîmes, enfin. Ton dernier joker. Michel Mézy, ancien relayeur appliqué d'une équipe de France décrite comme la *championne du monde des matches amicaux* (années soixante-dix), est à la peine comme entraîneur. Il traîne, malgré lui, l'étiquette d'une équipe où les *Bleus* balayés en Angleterre (5-0) sont taxés de *juniors égarés dans un film d'hommes.*

Shocking ! à l'époque dans les revues de presse.

Henri Michel, gracieux *canari* nantais, partageait ce naufrage.

Ni l'un ni l'autre ne peuvent impressionner le coq monté sur ergots qui parade pour nous en toi.

Manque de chance, Michel est le patron de l'équipe de France. Il a succédé à Hidalgo, aimable *señorito* de la renaissance tricolore au début des années quatre-vingt.

1988, donc. La France affronte Tchèques et Slovaques, encore unis par la faucille et le marteau, sous le même maillot. C'est un match amical. Un galop de préparation. Michel *t'oublie* pour ce kanter.

Aussitôt, le coq se fait mustang. D'un mot qui ressemble à un coup de sabot sauvage, tu le cingles : *Sac à merde !* Rien que ça…

Mais pardon de rendre à César ce qui appartient au patron des Oscars. C'est en effet vers ce dernier que Mickey Rourke lui-même, ton héros de *Homeboy* et ton maître, avait fait fuser l'apostrophe un soir de grand-messe hollywoodienne. Mickey, blouson noir sous le smoking.

Ce *remake* malodorant te vaudra quand même un an de suspension d'équipe de France. Un an ferme.

Tel fut le point d'orgue d'une carrière française de quatre saisons (1988-1992) traversée comme un *road movie* ; une équipée sauvage à la Johnny Depp, le nouveau Brando. Quatre saisons façon *Homeboy* où tu entrais sur les stades *condamné à faire des conneries, te battre et... te détruire.*

Ainsi s'étoffa ton casier :

Trois mois de suspension à Auxerre pour un *tacle assassin.*

Exclusion de l'OM.

Coups de gueule et coups de poing sur un coéquipier de Montpellier.

Lancer du ballon sur arbitre à Nîmes.

A chaque incartade, à chaque ruade, l'homme en noir, à sifflet de corbeau, brandissait le carton rouge dans lequel tu fonçais comme dans une muleta.

Au vestiaire, tes dirigeants, grandes gueules, faisaient grise mine. A Paris, les juges des commissions disciplinaires te convoquaient — ou te provoquaient — pour te conduire aux arrêts de rigueur.

Tête de Turc ou tête brûlée, tu étais bon pour le bagne, leur Biribbi de substitution. Arrêt forcé (suspensions à la chaîne) à défaut de *marche ou crève.*

Au fond, tu as peut-être manqué une belle carrière tumultueuse à la Légion. Sous ta désespérance romantique et tes silences dignes de *la grande muette*, tu as bien une tête à képi blanc. Aubagne, la maison mère, n'est guère qu'à un tablier de sapeur des Caillols. Tu aurais très bien pu, un jour de blues ou de bravade, signer tes premiers cinq ans devant l'adjudant baroudeur de service. Mais c'est Guy Roux, caporal de Bourgogne, qui enleva le précieux autographe. Auxerre fut ton premier cantonnement.

Heureusement, si tu as manqué le glorieux képi, tu as échappé à la fatalité du Casque bleu, tiré comme un lapin dans les souricières des Balkans, au chiffon blanc hissé face aux Serbes de Bosnie, un jour de reddition.

Zagreb ne restera pour toi qu'un club croate à battre en Coupe d'Europe. Belgrade et son *Etoile rouge* aussi. Et Sarajevo, le leurre d'une olympiade fraternelle passée au hachoir de l'Histoire.

Bref quand, à vingt-cinq ans, mal dans ta tête et tes maillots, tu raccroches et déclares abruptement :

J'arrête.
Je me fous des conséquences.
Je ne joue plus.
J'en ai marre de ce milieu, de la pression, du football français, des compromissions et du reste…

tu prends le pays tout entier, ton pays, à contre-pied.

Les plus extrémistes, les ultras des virages, t'accusent de marquer contre ton camp. Ceux qui noircissent le papier des journaux dans la tribune dégainent leurs pointes (Bic, bien sûr). Ils parlent de désertion, l'air grave, en dictant aux sténos, tanquées dans leur cabine, loin du grand air, des pelouses et de la rumeur du stade : *Allô, sténo ? C'est bon coco… Relis-moi.*

Les premiers pelotons d'exécution tirent à vue… Mais c'est (encore) à blanc.

Ta grâce est signée Platini.

Je connais bien Platini. J'ai eu le privilège de recueillir ses Mémoires. Et je l'imagine, malin, félin, faisant patte de velours pour contrer ton coup de griffe.

Son discours a été décodé. Du classique :

Tu as vingt-cinq ans, pas de palmarès (le titre de l'OM ne compte pas à tes yeux), le foot t'a tout apporté et tu l'abandonnes. Pour faire quoi ? En dehors de ce sport, tu n'es personne...

Après l'incident Henri Michel (*Sac à merde*), Platini, mère-poule, avait déjà volé au secours de son coq égaré. Très vite, sous le commandement technique du plus grand joueur français de nos vertes années (Saint-Etienne) et de la renaissance tricolore (Mundial 82, Championnat d'Europe 84), tu avais retrouvé vite fait bien fait le maillot bleu horizon. Amnistié.

Platini allait bisser ton retour au champ.

Sur l'excellente connaissance de ton jeu direct et de ton caractère entier, il te souffla la direction à prendre, la seule *viable,* celle de l'Angleterre. C'était bien avant Eurotunnel.

Lui-même, que la Juventus de Turin a statufié à jamais, t'avoua ses regrets d'avoir manqué l'expérience britannique alors qu'il était largement dans la mire des *Gunners* (les Canonniers) d'Arsenal. Et même, si ma mémoire est bonne, de Tottenham. Les *Spurs* au blanc maillot.

Welcome to England, donc.

Contrairement à l'arrogant *Bulldog Bobby*, symbole de l'Angleterre qui mord et des hooligans sans muselière, le Yorkshire a donné à toutes les ladies du royaume cette race de chiens de poche que toutes les femmes à toutous du monde leur envient.

Le Yorkshire de nos compagnes est aussi doux que sa campagne.

La petite voiture anglaise la sillonne à travers le parc naturel qui mène de Manchester à Sheffield. On roule à gauche. Tu t'imprègnes des couleurs mordorées de l'hiver que ton œil transformera peut-être en tableau.

Ton avion s'est posé à Manchester, signe du ciel, mais c'est vers le cœur même de la vieille Angleterre que vogue alors ta destinée.

Ici règne Trevor Francis, un Platini d'outre-Manche, aussi élégant dans le jeu, mais au pedigree international moins coté.

Francis n'est pas né du dernier ballon. Le 8 février 1979, il a fait sauter la banque de Nottingham Forest en signant le record des transferts de l'époque, devenant ainsi *the one million man*. Monsieur un million (de livres), soit dix millions de francs.

Pour ce magot extraordinaire, Francis joua les dix-huit derniers matches de la saison, marqua six buts (mais en offrit une dizaine), ne joua qu'un match de coupe d'Europe — le dernier, c'est-à-dire la finale — et marqua le but du triomphe face aux Suédois de Malmö.

L'immense vasque gravée en français, *Coupe des clubs champions européens*, prit, grâce à son coup de pied libérateur, le chemin de Nottingham, aux portes de la forêt de Sherwood.

Brian Clough, l'entraîneur à la mine de renard jubilatoire, très en phase avec le pays de Robin des bois, déclara aussitôt de ses vacances en Crète : *Désormais, Trevor Francis vaut deux millions.*

C'est dire que ton arrivée en catastrophe, suite aux palabres menées par tes deux *J.-J.* (Jean-Jacques Amorfini, ton agent, et Jean-Jacques Bertrand, l'avocat) n'a pas particulièrement ému le beau Trevor. De Birmingham à Forest en passant par l'escapade américaine de Detroit et la sélection d'Angleterre, il a croisé la carrière des plus grandes vedettes de sa génération.

Il n'y aura ni tapis rouge ni plantes vertes pour toi à Hillsborough. Au contraire, c'est par la petite porte du camp retranché de Sheffield Wednesday que tu passes le pied. D'abord, il y a cet entraînement buissonnier, presque à la sauvette, à huit contre huit, puis un match-gag de football en salle, à six contre six, où les Américains de Baltimore passent huit buts (à trois) à ta future équipe. Bizarre, bizarre…

Aucun des trois buts qui sauvent l'honneur des tiens n'est à mettre à ton actif.

Il n'en faudra pas plus à Trevor Francis pour différer la signature du contrat. Il affirmait te faire débuter, dès le samedi suivant, 2 février, face à Luton. Il te laisse mariner dans ton hôtel, en petit comité, et parle soudain de te jeter en pâture aux *Red Devils* de... Manchester United (encore un signe).

Finalement, Trevor Francis, premier *one million man* d'Angleterre, juge que tu ne vaux pas en 1992 le prix qu'on misa sur ses semelles en 1979.

Il en rajoute. Dans *L'Equipe*. Une petite exécution : *Vraiment, je ne sais pas s'il vaut dix millions* (la somme demandée par Nîmes, à titre de dédit). En parfait et perfide citoyen d'Albion, il précise le fond de son arrière-pensée : *S'il ne s'adapte pas chez nous, il ne vaudra pas dix pence* (dix centimes).

Vincent Radureau, qui commente le football britannique sur Canal Plus, a brossé la revue de détail de ton *aventure anglaise* dans un livre-album à déguster comme un CD de country rock.

Les derniers mots de Trevor Francis à ton égard sont dignes d'un enterrement de première classe. Francis, dans le texte et dans le costard du croque-mort : *Eric stays or goes.*

Autrement dit : *Eric reste, ou s'en va.* Manière à peine déguisée de t'indiquer la sortie.

D'autres que toi auraient craqué. Dans la ville de Joe Cocker, vétéran de Woodstock et de *With a Little Help from my Friends* (avec un petit coup de main de mes amis), tu aurais dû avoir le *blues du Blanc.* On n'impose pas une période d'essai à un pro confirmé. Ou alors c'est qu'on ne veut pas de lui. Ou que, plus subtilement, on cherche à casser son moral, donc les prix. On ne saura jamais vraiment à quel jeu joua (et perdit — ton avenir le lui prouvera) le beau Francis.

As-tu vraiment répliqué, comme on l'a dit : *Je perdrais la face si je devais rester une semaine de plus à l'essai* ?

En tout cas, l'info fuse à travers les gros titres de la presse locale : *Au revoir, Eric.* Elle est reprise au vol par la radio. Un vieux maquignon du football anglais, Howard Wilkinson, entraîneur de Leeds United (le leader du championnat), était à l'écoute. Il capte le scoop. *Gosh !* Il bondit sur un téléphone de campagne. Le premier, il transforme l'essai avec une discrétion d'agent secret.

Le 3 février, au lendemain même de tes débuts prévus, puis à jamais différés, face à Luton, la presse du Yorkshire peut étaler cet avis à la population :

Wilko banks on « le Brat »
Wilkinson mise sur le mauvais garçon.

Avant même d'avoir touché un ballon, ta réputation est faite et le palmarès de tes frasques exhibé. N'empêche. On te trouve vite fait une maison de brique ocre à Roundhay, au nord de Leeds, entre les quartiers chics et chocs.

Homeboy a trouvé son home. *Sweet home ?*

5

« Ooh ! Aah ! Cantona »

C'était en mai 1975. Vingt ans déjà. Vingt ans tout rond, aussi rond qu'un tonneau de bière ou qu'un hooligan à la dérive.

C'était au Parc des Princes. A Paris.

Un Parc tout nouveau, tout beau, fraîchement moulé dans son gros béton gris autour d'un rectangle de pelouse ensemencée sur du sable de plage et roulée par un peloton de jardiniers au service champêtre de la Ville.

Un Parc lumineux comme un palais aux mille et une nocturnes, dont c'était d'ailleurs « la Première », rayon légende et frissons.

Un Parc dont les princes portaient, ce soir-là, les couleurs britanniques et allemandes : Leeds United — Bayern Munich. Les Tommies contre les Teutons.

C'était la première finale de Coupe d'Europe donnée à la France par les caciques des grandes instances depuis l'épique chevauchée du Stade de Reims — Kopa, Fontaine, Piantoni — face au Real Madrid, en 1959.

C'était un soir de fête…
C'était… C'était…
… Ce fut une nuit de cauchemar.

D'abord, il y eut ce penalty refusé à Leeds pour une faute de Beckenbauer sur Allan Clarke. Un penalty indiscutable. In-dis-cu-table. Puis, en fin de partie, le sort allait vraiment basculer en faveur d'Albion, grâce au coup de tonnerre de Peter Lorimer — alias « Lash » —, l'ailier écossais pur bœuf, né à Angus. Il a du jus, Peter.

Son tir transperça les filets de Sepp Maïer — *le Chat* — comme ceux d'un chalutier breton cisaillés par les dents de la mer.

On chronométra la vitesse du ballon en une reconstitution virtuelle. Du cent kilomètres heure. Pas moins. Un but pour archivistes et cinémathèque.

D'un bond, le stade s'était dressé, le souffle coupé. Sur le terrain, l'Irlandais Johnny Giles tomba dans les bras de l'Anglais Allan Clarke, qui vacilla dans ceux de l'Ecossais Eddie Gray, qui s'évanouit entre les mains de « Lash », son compatriote et héros, qui étouffa sous la poussée du Gallois Terry Yorath. Mêlée fiévreuse, hurlante et fraternelle à la Springboks, cru 1995.

Billy Bremner, lui, restait stoïque. A la manière d'un chef de commando, mission remplie. Et bien remplie.

Teigneux capitaine de Leeds et gladiateur de poche de l'équipe d'Ecosse, le poil roux comme un cairn-terrier ou la mousse des pubs rustiques de Raploch, son village natal et rugueux des Basses Terres, il leva simplement les bras…

… Pour les baisser aussitôt.

Sur la ligne de touche, en effet, un appariteur benêt pointait sans vergogne son fanion d'assesseur trop zélé. L'arbitre, un Français, dont le nom mérite de passer aux oubliettes de l'anecdote, se précipita avec le même zèle au-devant de son second en habit noir de trouble-fête.

Les deux croque-morts enterrèrent Lorimer et son but de légende, sous le prétexte d'un « hors jeu de position » millimétrique du petit Billy.

Ceux de Leeds encerclèrent les deux cormorans à la manière d'un vol de mouettes blanches au bec jaune, dirigées par Hitchcock.

Court suspense, hélas.

On annula honteusement ce tir de grosse Bertha et les Allemands gagnèrent 2-0 (Roth, Gerd Muller), tête basse, sous la bronca.

L'histoire du foot est comme la vie : le contraire d'un long fleuve tranquille. Injustices, trahisons, illusions perdues, gloire et félicité font souffler des tempêtes. Des générations d'hommes, de Hampden Park à Glasgow, au Maracana de Rio, se laissent griser par ces vents contraires. Ainsi galope la *légende du stade.*

Des millions de téléspectateurs à travers toute l'Europe éteignirent leur poste, de rage et de dépit. Les Bavarois eux-mêmes avaient la joie discrète et la bière mauvaise, c'est dire…

Toi, tu avais neuf ans. Tout rond (tu es du 24 mai). Comme tous ceux qui, dès le premier maillot, comptent les ballons à la manière des moutons, tu t'endormis en mordant l'oreiller, maugréant contre le flagrant délit d'injustice.

Peut-être la rébellion qui couve en toi naquit-elle de ce goût de cendres.

La télé, en direct, avait à peine laissé le temps au beau Frantz (Beckenbauer, *le Kaiser*) de recevoir sa coupe sous la bronca redoublée. Elle avait vite rendu l'antenne : *A vous Cognacq-Jay, à vous… A vous les studios.*

La suite s'étala en cinq colonnes à la une de *France-Soir* et du *Parisien.* Tu y découvris, peut-être, ce que je vis : un stade dévasté, avec quarante-cinq mille spectateurs pour témoins.

Très vite, les supporters anglais, chavirés au Ricard pur (ils n'ont pas l'habitude — et pur !) dérobé par litres au supermarché de la porte d'Auteuil, jetèrent les bouteilles vides sur les casques d'une escouade de CRS, ces prétoriens des villes, pelotonnés derrière leurs boucliers de Plexiglas.

Puis ce fut le tour des sièges.

Des sièges ronds en plastique et multicolores, dont l'architecte du Parc tirait fierté.

Paris offrait au monde du football la première arène entièrement assise, mais les gueux se moquaient des princes, surtout les supporters de Leeds. A longueur d'hiver et sous la pluie d'Ellan Road, ils se disputent les places debout, derrière les buts. A Leeds, on est de la tribune de Gelderd Road. Ou l'on n'est pas un pur, un dur. Comme à Manchester (United), à Stretford End. A Liverpool, au *Kop*, où vingt-quatre mille supporters battent la semelle en cadence en mémoire des fantassins du vrai *Kop,* cette colline du Transvaal imprenable, elle aussi, pendant la guerre des Boers.

A Paris, les *Gelderd Roaders* occupaient tout le bas de la tribune Boulogne. Huit mille, reconnaissables à leur maillot-uniforme et foulard à liséré bleu, jaune et blanc qui rappelle les couleurs et la publicité d'une bière mexicaine, la Corona.

Une armada ivre de fureur et de pastis.

L'échauffourée dura le temps d'une prolongation, mi-temps comprise.

On releva les blessés (des dizaines), on interpella la barbaresque (une centaine), on abandonna les sièges qui avaient volé, à l'horizontale, comme des soucoupes (un millier), on compta les dégâts (cent mille francs).

Pour la première fois, après le triste hors-d'œuvre d'Ostende (août 1974, 33 blessés avec Manchester United) et de Rotterdam (mai 1974, Feyenoord-Tottenham, 70 interpellations, 200 blessés), le hooliganisme *made in England* déferlait vraiment sur la vieille Europe. A Paris. Et par la porte du Parc : celle des Princes.

Le plus cocasse, sinon le plus folklo, avait été le comportement des joueurs.

Irlandais, Ecossais, Anglais et Gallois, tout ce que Leeds United, remplaçants compris, comptait de sujets révoltés du Royaume et de *Sinn Feiners*[1] recyclés, était accouru au pas de course

1. *Sinn Fein :* mot gaélique signifiant *nous-mêmes.* Mouvement nationaliste irlandais créé au début du siècle pour bouter l'Anglais hors d'Irlande. Branche militaire : l'Armée républicaine irlandaise, l'IRA.

sous la tribune Boulogne (le futur *kop* du Paris Saint-Germain). Là, campés dans des poses provocatrices, ils avaient tous salué leurs fans en éruption, ces fans qui, comme dit la chanson des ferias, *ce soir nous mettaient le feu...*

Dans la tribune présidentielle, enclos fleuri et privilégié réservé au gotha des puissances invitantes (fédérations, ligues, ministres, maires, consuls, ambassadeurs), on faisait pâle figure.

Mais Billy et ses lutins des landes, des banlieues glauques et des bruyères, s'en foutait. Il n'était plus que le fils et le petit-fils du cornemuseur de Raploch, sonnant à la mort *Fighting Billy's flame of wrath* (la flamme de colère de Billy le bagarreur).

Toi, tu dormais déjà, sans doute, dans ta chambre d'enfant des Caillols où tes parents se sont installés en 1955, face à la mer, la Treille et le Garlaban, là où Marcel Pagnol a passé sa jeunesse.

Tu n'avais rien vu, rien entendu de l'émeute et Mr. Des Kelly — ou plutôt ses aînés — non plus, sinon le *Sunday Express* de cet éminent moraliste et polygraphe aurait gagné cette semaine-là les accents d'indignation qu'il nous servit contre toi, vingt ans plus tard, à Crystal Palace...

C'est donc à Leeds, la maudite, que tu poses ton sac, en paria.

Dirty Leeds. Foutue Leeds, saleté de Leeds.

L'expression contamine Bremner lui-même. Mastermind mais traîne-crampons, il s'y connaissait tout autant en ombres qu'en lumières, en ying et en yang, en coup de patte génial qu'en coup de griffe vengeur.

La mauvaise réputation de Leeds United collait au maillot de ses joueurs comme une deuxième peau. Fatalement, les arbitres voyaient rouge face aux Blancs, et cela leur coûta plus d'un trophée ; non des moindres.

You get nowt for being second (Vous êtes condamnés à être seconds). Quand il publie ses (premiers) Mémoires sous ce titre digne d'une étude de publicitaire, Bremner reprend au bond l'apostrophe fameuse de son ancien président de club, Harry Reynolds. Ce constat de fatalité masque mal la philosophie faussement flegmatique du demi écossais dont le caractère doux-amer bout sous la crème du *Gaelic coffee.*

A l'époque — 1973 — Leeds et Billy, capitaine quasi dégradé, venaient de perdre simultanément le titre de champion d'Angleterre au *goal-average*, c'est-à-dire à la différence de buts, et la Coupe — la *Cup* — face à Liverpool.

Tempête sous les chapeaux melons.

Partout, on les moquait : *missing champs*. Les presque champions...

1974 gomma d'un titre de vrai champion cette mauvaise cuvée. Bremner le brave pronostiqua aussitôt, avec une emphase de titi marseillais : *Bientôt, une équipe gagnera à la fois le titre de champion d'Angleterre, la Cup, la Coupe de la Ligue et même... la Coupe d'Europe.*

Sacré Billy.

Il aura le réflexe de ne pas citer Leeds United dans sa tirade, mais tout le monde devinera à qui il pensait. D'ailleurs, un an plus tard, la prophétie est en route.

C'était quitte ou double...

Ce sera quitte.

1975. Leeds se classe encore deuxième du championnat, perd la demi-finale de la *Cup*, juste avant le sacre de Wembley et... la Coupe d'Europe, à cause d'un arbitre français passé, je le répète, aux oubliettes de la petite histoire.

J'ai souvent eu des problèmes avec les fans britanniques, les joueurs britanniques et les arbitres britanniques, mais là..., se lamente Billy, l'air d'une cornemuse chiffonnée, dans le vestiaire du Parc. *Please*, implore-t-il, l'œil retourné, *rendez-moi cette bonne vieille justice de mon pays.*

A moi Rob Roy, kilts, tartans, *flowers of Scotland*, les McDonald et les Cameron, les McGregor, les Stewart et les Mackintosh. A moi les clans fidèles ! Et tant pis pour la *Auld Alliance*, la Vieille Alliance franco-écossaise, rompue par le sifflet d'un arbitre français... à Paris.

Pour Bremner et les siens, tu comprendras ça mieux que quiconque, Eric, Leeds a trop souffert de son *dirty label.* Sa mauvaise image.

D'accord, nous jouons dur, rough (dur), *mais pas dirty* (sale), *pas méchant*, se révoltait mini-Billy dans ses maxi-colères.

Billy Bremner n'aura plus jamais sa chance, sa revanche. Liverpool, sous la baguette de Kevin Keegan, *celui qui marche sur l'eau*, puis de Kenny Dalglish, son compatriote du Celtic de Glasgow, va prendre la relève. Puis Nottingham Forest de Trevor Francis et l'éternel Manchester United, *cette équipe qui ne mourra jamais*. Pendant des années, Ellan Road sera biffée de la carte aux exploits.

Jusqu'à...

Jusqu'à ton arrivée en février 1992, dans le rôle de super joker.

Un joker de luxe qui se révélera vite un atout. D'autant plus que, à Leeds, la réputation de mauvais garçon n'est pas si mal portée... On l'a vu avec *Fighting Billy.*

Entre Leeds et toi, donc, ça commence comme une love story. Forcément. Ça se terminera comme un chagrin d'amour. Forcément. Destin brisé.

La première photo de toi, signée de l'Agence France-Presse — presque une photo officielle —, te montre le genou en terre et la mèche rebelle (forcément) sur un demi-sourire.

Derrière toi, Howard Wilkinson (*Wilko*), le manager-entraîneur, en survêtement. Son sweat-shirt est gravé à ses initiales, *H.W.*, qui flattent l'ego.

Wilko s'appuie déjà largement sur ton dos. Il affiche (bizarre, bizarre) un sourire en coin. En trois saisons, il peut être fier de lui. Il a fait d'une équipe longtemps reléguée au rang de figurante (huit ans de division 2 !) un nouveau leader du championnat. Avec toi, il vient de réussir un hold-up à peu de frais (tu n'es encore qu'en option d'achat) au nez du trop taciturne Trevor Francis. Il peut donc sourire à sa guise.

Au début, tout va bien, tout va vite.

Aucun de tes coéquipiers ne parle français, certes, mais tu t'entraînes en écoutant des cassettes audio dans ta Renault 21, prêtée par le Club, en déchiffrant les accroches à sensation (elles ne te concernent pas encore) des journaux, ou en répondant par des *Hello* au *bonjour* du gardien de but. Chris Woods fait alors ses gammes de français chez Berlitz.

Ta maison est modeste : trois chambres, du papier à fleurs partout, une moquette ocre de motel un peu usée, mais les voisins sont *sympa.*

Question Cantomania, on te fiche la paix. Tu apprécies. Tu tricotes ton franglais quotidien avec les gens de rencontre. *Good guy*. Brave mec. Au volant, tu roules à gauche, presque d'instinct. A pied, tu t'y prends à deux fois avant de traverser les rues. Tu t'adaptes en souplesse. Tu prends tes marques de bon citoyen.

Par jeu, par défi, tu prends plaisir à laisser mariner les envoyés spéciaux de la presse sportive d'outre-Manche (c'est-à-dire la nôtre), histoire de régler les contentieux qui ont assombri tes années françaises.

A ceux qui franchissent ta porte, tu distilles des confidences engagées sur le ton de l'anglais d'adoption :

*J'aimais bien la mentalité latine quand je pouvais marcher tranquillement dans la rue. Chez les Anglo-Saxons, j'ai affaire à des gens qui sont fiers de ce qu'ils sont, qui ne se sentent pas inférieurs, qu'ils soient cadres ou chômeurs (*Libération*).*

Ici, on me respecte. On me juge sur le terrain, pas quand je commande une bière. Et puis ça peut me faire du bien de boire un coup dans un pub. On ouvre un peu les tiroirs, dit-il en se grattant la tête *(*Le Journal du Dimanche*)*.

En Cantona : se changer les idées en toute liberté.

Pour la cuisine anglaise, en revanche, tu joues *la défense*. Et même, un sacré *Catenaccio* (le cadenas). De ton père italo-sarde, tu as hérité le goût de la pasta, de la carbonara et du risotto. *Flying Pizza*, sur Street Lane, devient ton QG de restauration rapide et sympa. Tu y es d'autant plus chez toi que Marco, le patron, cheveu noir et gominé, est un supporter de la Juventus de Turin — donc de Platini — et que le chef est français.

Pour le reste, le temps libre, c'est la peinture, bien sûr. Ta peinture. Celle qui te fera taxer de *Picasso* et passer ainsi à la postérité vacharde des *Guignols de l'Info* sur Canal Plus. Une peinture, bien à toi, riche en couleurs éclatées dans lesquelles tu… t'éclates. *En peignant, je m'imagine un monde, mon monde.* Tu le vois encore rose, ce printemps-là, même si le ciel du Yorkshire, souvent bas, vire au gris sur le champ, prenant parfois la météo à contre-pied.

Tu es sur un nuage.

Tu le vois blanc. Il noircira plus tard.

Wilko, lui, fait tout pour que tu sois à l'aise dans tes petits souliers à crampons. Il te ménage à l'entraînement. Il te ménage en match. Il te ménage dans les interviews. Il dit : *Je ne sais pas si Eric peut tenir quatre-vingt-dix minutes, mais je suis agréablement surpris par sa condition physique...*

Pour ton premier match, le 8 février, à Boundary Park, tu as *tenu* quarante-cinq minutes, la deuxième mi-temps, mais c'est Oldham qui a gagné (2-0). Assez, cependant, pour emballer les six mille supporters de Leeds qui s'étaient déplacés pour te découvrir : *Eric ! Eric ! Eric !* Et dresser contre toi les fans adverses : *Bouh, bouh !* Un avant-goût de la guerre des tribus du football anglais.

Un avant-goût.

Ceux qui t'aiment ont la passion débordante. Les autres, dévorante.

Tu joues peu (vingt minutes par match), mais bientôt tu marques et, surtout, tu fais marquer les autres. Tes coéquipiers flambent grâce à toi : *Eric ! Eric ! Eric !*

Comme l'inspecteur Bourrel, des feuilletons de la télé en noir et blanc, tu es l'homme des *cinq dernières minutes.* Grâce à toi, Leeds revient sur Manchester United lancé vers le titre. Une grande chevauchée sur fond de rivalité de clubs et de villes.

En Angleterre, chaque match ou presque est un derby. D'abord, il y a les sept clubs de Londres dont les fans transforment la ville en *West Side Story*. Puis, l'ancien triangle *Magic* du Nord (devenu carré depuis l'avènement des Blackburn Rovers cette année) : *Magic Liverpool*, *Magic Leeds*, *Magic Manchester United*, dont les affrontements sont souvent *tragic*.

Les trois villes sont à soixante ou quatre-vingts kilomètres de distance. Elles survivent dans le même désert industriel, subissent la récession économique, s'étiolent dans des banlieues lugubres où les *lads* (les gars) zonent dans l'oisiveté en développant un culte intégriste pour le drapeau et le club. Jalousie, mépris, rancœur envers le voisin cimentent l'arrogance des *Gelderd Road Enders* de Leeds, des *Kopites* de Liverpool ou des *Stretford Enders* de Manchester.

Aussi, quand Chelsea, qui doit son nom à Lord Chelsea — à qui n'appartient que le tiers de Londres ! —, débarque de l'arrogante capitale précédé de sa terrible réputation, tu joues gros.

Comme Billy Bremner, naguère, tu joues ton quitte ou double, en ce 11 avril.

Et tu doubles !

Deux ou trois contrôles aériens prolongés d'une frappe canon en pleine lucarne (façon Peter Lorimer) font exploser Ellan Road. Un slogan nouveau déferle des populaires de Gelderd Road : *Oooooh... ! Aah ! Can-to-na !* La rumeur enfle et se fait clameur. Elle gagne la tribune d'honneur où les *directors* en chemise se congratulent tandis que, des travées, monte une timide *Marseillaise* pas plus fausse que celle des stades français.

Le soir même, l'émission de télé *Grandstand* (BBC1) consacre ton exploit troisième plus beau but du championnat. Un championnat auquel tu prêtes tes accélérations, façon turbo, et dont tu pimentes l'intérêt et l'enjeu.

Dès lors, tout s'enchaîne.

Tu régales la galerie de déviations subtiles (très latines) et de reprises de volées canon (plus british). Et tu fais battre le cœur des groupies. Il n'est bientôt plus un de tes buts, une action saillante, qui ne soit ponctuée au tableau lumineux d'Ellan Road de ce salut flashy : *Oooooh ! Aah ! Cantona !*

En signant pour Leeds United, tu entrais dans un temple. Le temple d'Ellan Road où ta présence rameute les fidèles et les ouailles d'hier, égarées depuis l'après-Bremner. Tes actions d'éclat font monter les actions des

Blancs et, bien sûr, sortir les marchands du Temple. C'est la règle.

Très vite fleurissent des tee-shirts à ton effigie où l'on peut lire : *Ooh ! Aah ! Cantona ! The French Connection*, et même *Mad Eric* (Eric le fou).

Tu aimais Leeds.

Et Leeds t'aimait.

Ce fut un coup de foudre réciproque, avec l'apothéose du titre de champion. Toi le gipsy, le banni du foot français, l'éternel errant depuis tes débuts à Auxerre en 1983 (Martigues, Auxerre — *again* —, Marseille, Bordeaux, Montpellier, Nîmes), tu devenais en un trimestre de folie le premier joueur français champion d'Angleterre. Et cela à raison de vingt minutes par match.

Quand le rideau tomba sur la saison, il fallut t'extirper de la foule tandis que Gordon Strachan, un autre Ecossais de poche, plus roux encore que Billy Bremner, conduisait le tour d'honneur sur fond de *Ooh ! Aah ! Cantona !*

Deux mois plus tard, sous la baguette trépidante d'Eddie Stringer et Charlie Stanisford, deux compositeurs du samedi soir, le slogan devenait chanson. Et disque… Et cassette… Et CD…

Il sortait sur le marché à la veille du *Charity Shield*, le match de charité annuel qui oppose traditionnellement, en avant-première de la nouvelle saison, le champion d'Angleterre (Leeds, donc) au vainqueur de la *Cup* (Liverpool, encore et toujours).

Le match rituel eut Wembley (la Mecque) pour théâtre et toi pour star au-dessus des nuages.

Tu marquas trois buts. Trois ! Ton premier *hat trick* (le coup du chapeau) depuis un bon septennat. La foule t'acclama comme une gloire du Top 50 : *Ooh ! Aah ! Cantona !* Et l'on repassa, pour le plaisir, les quelques mots d'amour que tu lui avais adressés, au micro de la mairie de Leeds, un peu porté par les bulles de Moët et de Lanson étiquette noire (black label) : *Why I love you, I don't know why, but I love you* (Pourquoi je vous aime, je n'en sais rien, mais je vous aime).

Tes deux *J.-J.* (déjà nommés) — Bertrand l'avocat, Amorfini l'agent — n'avaient plus qu'à signer en ton nom un bail de trois ans pour Leeds.

En fait, tu n'y joueras plus que trois mois, preuve que tu es fait pour prendre le monde, comme un ballon, à contre-pied.

Pourquoi trois mois au lieu de trois ans ?

Comment le *folk hero,* le héros populaire, pour qui le *Yorkshire Post* faisait campagne, invitant le Lord Mayor, Denise Atkinson, à le nommer citoyen d'honneur, a-t-il pu transformer son boulevard de gloire — Ellan Road — en impasse ?

La réponse tient en deux initiales : *H.W.* Ou en un diminutif du football circus : *Wilko.*

Soyons bref.

Tant que tu étais son joker, Howard Wilkinson rêvait de te transformer en atout. Tu devanças ses vœux et tu devins star. Une étoile est forcément hors d'atteinte. Tu échappas à Wilko.

Il était la vedette de Leeds avant toi. Tu devins l'idole de la ville.

Il préféra faire de toi un douzième homme, tandis que l'équipe partie championne plafonnait à... la douzième place. L'élimination par les Glasgow Rangers dans le derby anglo-écossais en Coupe d'Europe fut le coup de grâce. Encore une fois, Wilko t'avait rappelé sur le banc alors que tu pouvais renvoyer les Orangistes de Glasgow à leur temple d'Ibrox et à leur bière amère.

Bref donc, de remplacements en rappels, de rebuffades en reculades, tu dis stop. Et tu claquas la porte. C'était le 21 novembre. Moins de neuf mois après ton arrivée.

D'une phrase pudique, Vincent Radureau, ton biographe de *L'Aventure anglaise*, a tiré le rideau : *Wilkinson préférait donner moins d'importance au Français sur le terrain plutôt que de voir la foule se pâmer devant le latin lover.* Une foule qui improvise ce quasi intraduisible refrain : *Ooh ! Aah ! Cantona ! Ran away with teacher's bra...* (Ooh ! Aah ! Cantona ! qui s'enfuit avec le soutien-gorge de la maîtresse).

Jaloux, Wilko ?

En tout cas, Leeds n'a jamais chanté *Aah ! ooh ! Wilko !* et, depuis le départ du *latin lover*, Ellan Road ne chante plus.

6

Satanic Eric

Ellan Road, le temple de Leeds.

Old Trafford, la cathédrale de Manchester.

Quatre-vingts kilomètres séparent les deux villes noir et brique du nord-ouest de l'Angleterre. Plus une chaînette de montagnes — les Pennines — que tu gravis au volant en écoutant Jimi Hendrix monter au ciel sur sa guitare.

Mais, entre Leeds et Manchester, entre Ellan Road et Old Trafford, il y a beaucoup plus que quatre-vingts kilomètres, des montagnes et des milliers d'accords de guitare d'écart... Deux mondes les séparent. Un même univers, glauque et lugubre, mais deux mondes. En fait, deux Eglises.

Peu de joueurs, avant toi, se sont risqués à jouer leur tête et leur nom en s'aventurant de l'un à l'autre. On leur a *un peu* pardonné.

Mais c'était avant toi.

Johnny Giles (*Little Irish Dynamo*, le petit moteur irlandais) le fit dans le sens Manchester-Leeds, mais il avait dix-huit ans et, comme il venait de sa lointaine île verte et qu'il était irrécupérable pour l'Eglise réformée d'Angleterre, méthodistes, anglicans et presbytériens compris, on ferma les yeux sur son chemin de Damas.

Le transfert de Joe Jordan (dans l'autre sens) fit un bruit à casser les vitraux. Malabar écossais (encore un !) édenté, il connut de solides broncas, dignes de Leeds-Bayern au Parc des Princes, en guise de pénitence, quand il dut poser de nouveau le crampon sur le lieu de ses crimes, ou plutôt de ses anciens exploits ; mais on lui accorda une certaine indulgence. C'était, dans l'après-Bremner, une circonstance atténuante, par un hiver de désolation et dans un temple vidé de ses fidèles. Même les skins et les bigots de Gelder Road lui trouvèrent (presque) des excuses. Ils pardonnèrent aussi à son pulpeux coéquipier et compatriote, Gordon McQueen (encore un Scot !). C'est dire…

Mais toi…

Toi, le héros flambant neuf, le coq en pavane à crête tricolore. Le (presque) citoyen d'honneur…

Tu devins l'Hérétique. Leeds tout entier te promit (déjà) au bûcher, bien avant Londres, Crystal Palace et ton kung-fu de (grande) parade.

On ne saura jamais vraiment pourquoi le pasteur *Wilko* du temple d'Ellan Road, à Leeds United, dit *Amen* à Alex Ferguson, grand prêtre écossais de Manchester United — décidément, le football anglais est truffé de Scottish, mais il est vrai qu'un dicton en vogue à Edimbourg prétend qu'*il y aura toujours une Angleterre tant que... l'Ecosse durera.*

Apprenant tes états d'âme, Alex avait carillonné par téléphone son intention de te ramener dans les eaux toujours un peu agitées d'Old Trafford.

A l'époque, on les trouvait trop calmes.

On ne saura jamais, donc, les raisons secrètes de la bénédiction de Wilko... Toujours est-il que, Jimi Hendrix aidant, et les Pennines escaladées en solo, tu filas, dès la Toussaint 1992, endosser la chasuble rouge des *Red Devils* de Manchester United. Les Diables Rouges.

Et tu devins *Satanic Eric.*

A Old Trafford, là-haut, tout à l'ouest de Chester Road, tu ne débarquais ni dans un stade ni dans un club ordinaire. Pas même extraordinaire... Tu entrais au Panthéon !

Manchester United Football Club. Une équipe sur laquelle, des Falkland (comme ils disent ici, mais je préfère les Malouines, comme on dit à Saint-Malo) aux îles Samoa, *le soleil ne se couche jamais.*

Une page d'histoire s'impose pour mieux comprendre. Ici, on entre en effet dans le surnaturel ou le surréalisme.

Le football britannique, tu le savais déjà, Eric, est une religion. Et même une guerre de religion. Les stades sont des sanctuaires, les joueurs des apôtres, le match une grand-messe chantée, le samedi, jour du culte (et du denier)...

En principe, l'Angleterre ne cache pas sa soutane sous le survêtement. On n'est pas en Ecosse. Mais...

Voyez Celtic-Rangers. A Liverpool, par exemple, pas un match ne débute sans que le *kop* (vingt-quatre mille voix machos) ne scande agressivement le nom des deux clubs historiques de Glasgow, condamnés à la rivalité à perpétuité.

Cel-tic Ran-gers ! Cel-tic Ran-gers ! Un cri, certes, un slogan, mais, par-dessus tout, la marque d'un antagonisme impitoyable. Pas seulement du *folklo*....

Malgré les récents accords de paix sur l'Irlande du Nord, Celtic (catholiques) et

Rangers (protestants) n'en continuent pas moins de sacrifier à leur haine multiséculaire.

Entre Ibrox Park (Rangers) et Parkhead (Celtic), c'est le parcours des supporters-combattants. Belfast à Glasgow.

Le Celtic a été fondé par les émigrants irlandais que la grande famine a chassés et regroupés dans la misère des quartiers déshérités de l'East End. Au départ, sa création était une œuvre de bienfaisance. Un acte de *charité.*

Les Rangers, en revanche, incarnent l'establishment loyaliste. On y est plus royaliste que la reine. Austère comme le quartier d'Ibrox, desséchant par son blocage dogmatique — chez les Rangers, on est obligatoirement protestant, la conversion artificielle de l'ex-Nantais (et Celtic) Mo Johnstone ayant plutôt ravivé les foudres des deux camps — le club est, au fond, *very British.*

A Parkhead, l'on se drape fièrement dans le drapeau vert-blanc-orange de la République d'Irlande (et de l'IRA), par tradition, racine et défi. Ibrox brandit, au contraire, l'Union Jack impérial et légaliste.

Deux mondes.
Deux univers.
Deux religions.

Entre Rangers et Celtic, il y a même un mort. Un joueur : le gardien de but John Thompson, héros national de l'avant-guerre. Il est mort en plein match, des suites d'un coup de pied à la tête décoché par un certain Sam English, au nom prédestiné et, depuis, deux fois maudit.

Aucun visiteur de Parkhead ne peut échapper à la statue grandeur nature de John Thompson face à l'entrée principale.

La pluie grise et froide n'a pas gommé le souvenir de John Thompson, et la rivalité Celtic-Rangers se ranime à chaque derby.

Demande à Basile Boli, ton copain. Il fut ton coéquipier à Auxerre et à Marseille. Il commande la défense de l'équipe de France dont tu fus le fer de lance. Tu partages avec lui l'impact de la philosophie *Nike*. Très bizarrement, cet Africain de Provence a pris le chemin du ciel bas, et des rues couleur brique du quartier d'Ibrox. Rangers de raison sinon de cœur, il a fini par « craquer » et vient de signer pour le soleil de Monaco.

Demande à Pat Crerand, ton témoin à décharge, le soir de Crystal Palace. Il troqua naguère son divin maillot cerclé vert et blanc du Celtic pour la *diabolique* chasuble rouge de Manchester United, et toute l'Ecosse sait qu'il quitta Parkhead en pleurant après s'être signé devant la statue de John Thompson.

L'un a des anecdotes en réserve, l'autre des légendes à la carte. Mais aucune ne pourra jamais égaler celle de Manchester United, *cette équipe qui ne mourra jamais.*

United n'est pas seulement l'institution du football britannique, ni le premier club anglais vainqueur de la Coupe d'Europe (1968), un an après le Celtic.

Entre autres records et trophées, on lui doit d'avoir lancé Duncan Edwards à quinze ans (et 285 jours !) contre Cardiff, en 1953. D'avoir recruté trois Irlandais de dix-sept ans, de trempe et de feu : George Best, le bien nommé — Georges le meilleur —, Jimmy Nichols et Sammy McIllroy. D'avoir révélé Johnny Giles, promu international de la République d'Irlande à dix-huit ans.

Non, l'histoire de United, c'est à jamais celle des *Busby Babes*, les enfants du manager Matt Busby, rappelés par le destin et qui dribblent quelque part, là-haut, à la droite du Seigneur.

C'était le 6 février, jour funeste, 1958. Manchester United était allé à Belgrade arracher aux farouches Serbes une qualification pour les demi-finales de la Coupe d'Europe.

Ils avaient éteint l'Etoile rouge et repartaient vers d'autres cieux. Il y eut cette escale technique à Munich, pour refaire le plein. Maudite escale. Alors que l'*Elizabethan* de la British

European Airways prenait son deuxième envol, il s'écrasait soudain, alourdi par la neige, sur une maison inhabitée.

44 passagers. 23 rescapés.

8 joueurs tués : Duncan Edwards, Geoffrey Bent, Roger Byrne, Eddie Colman, Mark Jones, David Pegg, Tommy Taylor et Liam Whelan.

8 journalistes tués.

2 dirigeants tués.

2 entraîneurs tués.

1 supporter tué.

Matt Busby, l'entraîneur, et l'attaquant John Berry étaient gravement blessés ; Jacky Blanchflower avait un bras cassé et le bassin fracturé. Ni l'un ni l'autre n'allaient remettre les pieds sur un terrain. Seuls s'en tiraient, sérieusement choqués, Bill Foulkes et Bobby Charlton, futur champion du monde, en 1966.

En quelques secondes, l'épine dorsale d'une équipe levée, pratiquement depuis les cadets et les juniors, par Matt Busby était rayée d'une croix. Une vraie croix. Un calvaire.

Manchester porte toujours dans sa mémoire la blessure du *Munich Air disaster*. Beaucoup de fans mystiques de Stretford End l'ont tatoué dans la peau, signe d'une dévotion indélébile.

Des fans, des ultras, bientôt des hooligans qui joueront vite à la guerre des boulons avec ceux de Leeds, de Chelsea et d'ailleurs.

Ecorchés vifs, rebelles, révoltés, desperados, ils forment la *Manchester United Red Army*, ou le *Manchester United Red Commando*. L'Armée rouge de Manchester United. Le Commando rouge.

Londres est leur champ de bataille favori. Les Manx (ou Mancs) aiment débarquer en force chez les *Cockneys* de l'East End, les docks qui longent la Tamise et qui cachent les clubs populaires de Millwall ou de West Ham.

We hate the Cockneys
Where are you, bastards ?

Nous détestons les Londoniens / Où êtes-vous, bandes de bâtards ? sont leurs mots de passe.

Une chanson ennemie les met particulièrement en fureur :

Who are those guys who lay on the motorway ?
Who are those guys who lay in the snow ?
They are the Busby Boys who make such a noise
Because they miss their plane.

(Qui sont ces gars qui gisent sur l'autoroute ? / Qui sont ces types allongés dans la neige ? / Ce sont les Busby Boys qui font ce sacré boucan / Parce qu'ils ont manqué leur avion !)

Alors, poing en avant, battes de base-ball et même balles de golf cloutées à la main, l'Armée rouge fond sur l'adversaire, et la police montée, après la charge rituelle, n'a plus qu'à panser les plaies et compter les dégâts.

J'ai vu la *Red Army* débarquer en folie sur Saint-Etienne. C'était en 1977, deux ans après Leeds-Bayern et la mise à sac du Parc. La deuxième incursion, donc, des hooligans anglais sur le continent.

Là aussi, il y eut des charges de police, une petite escouade de CRS en tenue d'été, matraque au vent. Et trente-trois blessés hospitalisés.

Le lendemain, la presse anglaise admonestait solennellement les forces de l'ordre et n'avait que des mots distraits pour les éclopés.

Il fallut jouer le match retour sur le coquet stade de l'élégante Plymouth, un terrain *neutre*, désigné par les caciques des fédérations, après des palabres et des tractations quasi onusiennes.

Ironie de l'histoire : Saint-Etienne et Manchester United se retrouvèrent dans le même hôtel du petit port qui s'ouvre à la Cornouaille. Les *Verts* tenaient les toits (le neuvième étage), les *Rouges* le troisième. Les premiers, en dehors des entraînements et d'une sortie en groupe pour assister à un match de division 3, gardaient généralement leur étage et la chambre. Même Rocheteau, *l'ange vert*, échappait pour une fois aux chasseurs d'autographes. L'Armée rouge des fans, débarquée à pied, en stop, en bus, en train, de Manchester, tenait la rue. Mille cinq cents policiers étaient mobilisés, et des patrouilles mobiles surveillaient l'hôtel, transformé en Fort Knox.

Prudemment, les supporters de Saint-Etienne étaient restés devant leur petit écran. Un animateur de la télé française avait jugé cocasse de se déguiser en pioupiou, avec guêtres, tenue kaki et casque à boulons. L'affaire s'acheva en pantalonnade sportive, et Saint-Etienne rentra, battu, dans ses foyers.

Incident clos.

On n'en parla plus, sauf entre beaux phraseurs. Certains, tout de même, préconisèrent des remèdes-chocs contre la déferlante des hooligans. Ainsi, Merlyn Rees, secrétaire d'Etat aux Affaires intérieures, demandant devant les Communes le retour immédiat aux punitions corporelles.

D'autres réclamèrent qu'on avançât les matches à onze heures du matin, avant l'ouverture des pubs. Comme en Ecosse. Puis le général Martin, colonel du Cheshire Regiment, y alla de sa tirade en faveur du retour à la conscription ou à l'engagement volontaire. Son argument : *Même un hooligan peut devenir un héros.*

Mais on était encore loin de l'expédition des Malouines ou de la guerre du Golfe, et son appel à l'enrôlement civique fit un flop.

On continue donc à s'étriper aux portes des stades, après avoir dévasté pubs et supermarchés et raflé la bière chaude de leurs rayonnages.

Comme les *mods* et les *rockers*, dans les années soixante, les ultras du foot, aimantés par l'Armée rouge et jaloux du martyre de ses héros, continuèrent à marquer leur territoire. Au couteau.

Malheur au rival égaré de Leeds ou de Liverpool aux abords du *Dogs and Patridge* ou de *Trafford Arms* à Salford, la banlieue ouest qui s'ouvre sur Old Trafford.

Malheur au *Mancunian* perdu près des docks de la Tamise, aux portes d'Anfield Road, à Liverpool, ou dans Goodison Park (Everton).

Ici, la bastonnade fait partie du jeu. Et la chasse à l'homme, avant celle au *Canto*, est un dérivatif couramment admis entre bandes rivales.

Il est vrai que, à de rares exceptions près, les condamnations des coupables ressemblaient à de simples admonestations, celles d'un tribunal pour enfants. Ici vingt livres (deux cents francs), là trente livres. Même les plus fauchés, au nom de la solidarité du groupe, se cotisaient pour aider la *victime* sanctionnée, promue idole d'un jour.

Alors, on innova. (Avec le recul tu vas certainement en sourire vu le sort que te réserva le tribunal de Croydon, au printemps.) Un magistrat, vexé par la réplique arrogante d'un garçon de dix-sept ans aux couleurs de Chelsea (*Vingt livres d'amende ? C'est pas cher pour faire parler de soi dans les journaux*), rappela illico le rebelle à la barre et lui ordonna cinquante heures de travaux d'intérêt général…

Il venait de réinventer le Service civique obligatoire au bénéfice de la communauté, peine de substitution hautement symbolique dont tu écoperas plus tard.

Nous étions en 1977.

Tu avais onze ans. Et tu étais loin de tout ça…

Le nom de Manchester tournait forcément dans ta tête, parce que, comme tous les mômes de la planète foot, tu t'étais fatalement attardé, en feuilletant un livre d'or ou un magazine nostalgique, sur les images en noir et blanc des gisants et des sauveteurs dans les champs de neige de Munich. Mais comment imaginer qu'un jour tu t'inclinerais à ton tour devant le célèbre vitrail d'Old Trafford ?

Vitrail unique au monde et véritable objet de culte, comme à l'église. Il représente, grandeur nature et genou en terre, le capitaine Duncan Edwards de 1958 (il mettra quinze jours à mourir de ses blessures) en maillot rouge, sur fond bleu translucide et pièces de verre chamarrées.

Un vitrail. Un vrai.

George Best lui-même, l'étoile des années soixante, a prié devant l'image pieuse de Duncan Edwards. Denis Law aussi. Et Bobby Charlton, bien sûr, le miraculé… Et la chaîne fraternelle de tous les joueurs. Il est plus cher à leur cœur que le plus rare des trophées.

Manchester, tu connaissais, OK. Mais les autres… Ellan Road, *Wilko*, Crystal Palace et ses hooligans, etc. ? Autant de noms barbares, intraduisibles, à l'exotisme suranné pour le teen-ager qui poussait en toi.

Oui, tu étais loin de tout ça, des légendes sportives, des héros mythiques et des superstitions religieuses.

Tu avais onze ans et du chemin à faire pour devenir, malgré toi, une idole.

Tes crampons de benjamin surdoué mordaient alors le sable des banlieues de

Marseille ; celles de La Rose ou des Trois-Lucs, de La Valbarelle ou de Pointe-Rouge, toute une farandole provençale.

Tu faisais tes gammes sur les terrains en terre battue des quartiers effervescents de la Joliette ou de La Panouse, de Belle-de-Mai et de (encore une prédestination)... Gratte semelle !

7

DIEU ET MON DROIT

Les grandes décisions sont la marque des grands hommes.

Une minute suffit pour faire basculer un destin.

En football, ton art primitif, le destin passe à travers les buts.

Qu'est-ce qu'un but ? C'est une explosion. Comme à la corrida, le football a ses mises à mort et ses minutes de vérité. Celles-ci conduisent au but instantané, garanti à 99 p. 100. C'est le frisson fatidique du penalty. A défaut, celui du coup franc direct, à vingt mètres de la cible, dont Michel Platini s'était fait la spécialité pour le plaisir des yeux.

Passons sur l'exécution technique de cet acte réparateur qui sanctionne une faute commise dans un petit rectangle d'approche, et qui est au but ce que la grille d'un parc est au château de tes rêves. Des milliers de stratèges du dimanche ont étudié la meilleure façon de *plonger* dans cette surface pour feindre l'agression des *grandes faucheuses* de l'arrière-garde aux crampons dressés comme des herses et provoquer réparation sur-le-champ. Certains étudient sans fin le placement idéal du ballon ou du pied au moment où celui-ci frappe celui-là…

Laissons-les, craie blanche en main, devant leur tableau noir de maîtres d'école.

D'autres, enfin, plus lyriques, ont disserté à loisir sur *la solitude du gardien de but au moment du penalty* ; ultime rempart, œil de vigie et bras en croix face au *tireur*.

Qu'est-ce qu'un gardien ? Un condamné. Rarement — mais alors, quand c'est le cas… ! — un sauveur. Et donc un héros.

Qu'est-ce qu'un penalty ? Une exécution capitale.

Qu'est-ce qu'un but sur penalty ? Une exécution capitale doublée d'une explosion de joie. La foule est toujours cruelle pour le gardien, héroïque ou pas, ce dompteur de ballons du football-circus, rituellement mangé par les lions d'attaque.

C'est-à-dire par des gens comme toi.

A Manchester, le lion c'est toi.

Quand tu entres pour la première fois sur la pelouse-sanctuaire d'Old Trafford, tu as du mal à faire tes griffes. Ton match dans le derby, qui oppose United à City, le club rival de la ville, est à l'image du maillot de ce dernier : pâle. Bleu pâle.

Aussitôt, malgré de timides *Ooh ! Aah ! Cantona !* poussés par ton premier fan-club improvisé du côté de Stretford End, la tribune de presse fait la moue. Mention passable.

Dans le vestiaire, Mark Hughes, star sur le déclin, fait la gueule. Carrément. Il voit ton arrivée comme un signe de défiance, voire de désamour.

Pas facile de se mettre Hughes dans la poche. Il est têtu comme un Breton, et les Bretons sont des Gallois débarqués en Armorique au ve siècle pour fuir l'invasion des Angles (déjà !). A Cardiff, on chante *Hen Flad Fy Nadhau*, l'hymne national. Le même qu'en Bretagne : *Bro goz Ma Zadou*. Les Anglais traduisent *Land of my fathers*, la terre de mes ancêtres.

Toi, tu ne connais pas *Hen Flad Fy Nadhau*, ni les plumes d'autruche du maillot gallois fièrement floquées sur le cœur, en souvenir de la bataille de Crécy (Roger Couderc, barde évanoui du rugby, appela ce blason *le poireau* !). Ou alors tu ne les connais, distraitement, qu'à travers les retransmissions télévisées du Tournoi des Cinq Nations.

Entre Hughes et toi, un dialogue de sourds.

Fort heureusement, si un footballeur joue avec sa tête, son cœur et ses pieds, il sait aussi dribbler avec l'ego de ses partenaires. Et cela ne t'échappe pas.

Hughes, à Manchester, c'est *M. Ego Plus.* Egoïste et égocentrique.

Dès le deuxième match, tu alignes ton jeu sur le sien et t'amuses à lui délivrer des ballons sur mesure. Des *caviars*. Du coup, sur un de tes services grand style, Hughes marque le but de la victoire. Et Manchester United bat Norwich, le leader. Hughes *te mange dans la main.*

Dès lors, la griffe Canto prend ses marques.

Quand tu débarques à Old Trafford, MU traînait la patte : 6 victoires, 6 matches nuls, 4 défaites, 17 buts pour, 12 contre. Ferguson, dont la face s'empourpre à la moindre colère, rougissait à vue d'œil.

Grâce à toi, Norwich qui cavalait en tête (neuf points d'avance) devient à portée de mire. Deux de tes buts, dans une reprise des *Cinq Dernières Minutes* déjà expérimentée à Leeds, permettent à United de ramener un point de Chelsea, un autre de Sheffield, chez... Trevor Francis au nez pointu de qui tu marques l'égalisation de la dernière chance. Bye, bye, Trevor.

En fait, tout va très vite.

Ton adoption est une formalité. Mark Hughes y perd un peu son gallois, mais s'y fait. Bien forcé.

Bientôt, tu bluffes tout le monde face à Coventry, grâce à l'exécution capitale : un penalty. Ton premier penalty.

Tirer un penalty, c'est comme inventer un slogan imparable — *Le poids des mots, le choc des photos* — ou trouver le titre qui fait mouche — *Le Rebelle fracassé*... Pour toutes les fureurs de vivre. Un art spontané. Un jaillissement. Une éruption.

On n'a pas le droit de manquer un bon titre, ni un slogan qui engage un label, et moins encore le penalty éclair qui fait basculer un match.

Les plus grands joueurs ont implosé devant la cage et *la solitude-du-gardien-de-but-au-moment-du-penalty*.

Ici, le défi psychologique et la tension nerveuse conduisent à la faute.

Platini, le Français surdoué, a manqué son penalty face au Brésil, en Coupe du Monde.

Et dans le même match, à Guadalajara, sur les hauteurs du vieux Mexique colonial, Zico, le Brésilien, dit *le Pelé blanc*, a également manqué le sien.

L'Italie a perdu la Coupe du Monde 1994 sur un coup de pied au but décisif, après la prolongation, manqué par Baggio. Un joueur pourtant très zen, Baggio, puisque converti au bouddhisme. Il aurait pu jouer cette année à tes côtés... en remplacement de Mark Hughes ! Hélas, il a choisi l'impérial Milan-AC.

Zico, Baggio, Platini. Les superstars aussi dévissent.

Alors, quand l'arbitre siffle penalty pour Manchester face à Coventry, qui voit-on se précipiter vers le ballon, le poser sur le petit point blanc et marquer sans le moindre état d'âme ? Toi !

Instantanément, le stade exulte et tes coéquipiers t'écrasent sous une mêlée fraternelle.

Tu es a-dop-té.

En fait, ce geste prouve que tu es bien dans ta tête et dans ton nouveau maillot. Ton geste autoritaire — *A moi !* — t'exposait au pire en cas d'échec. Comme Bremner, qui joua si souvent sa carrière à quitte ou double, tu as tenté le diable. Et le diable rouge ! Red devil. Banco réussi.

Sans doute connais-tu tes classiques. Tu es de ceux (je le sais par Joël, ton frère) qui ont lu

Ma vie comme un match, les Mémoires de Platini.

Dans ce qui fut son testament de joueur, au couchant de sa carrière, Platini a raconté comment, dès sa première sélection en équipe de France (1977), il a su s'imposer sur un coup de dés en lieu et place d'Henri Michel, capitaine au long cours du FC Nantes, que tu traitas naguère avec le bouquet des fragrances que l'on sait...

Je joue numéro 8, se souvient Platini. Il partage l'entre-jeu avec Henri Michel et Gilles Rampillon, son coéquipier de club...

On connaît la suite : le coup franc sifflé en notre faveur. Normalement, j'aurais dû laisser Henri le tirer, au privilège de l'expérience. Je ne sais pas ce qui m'a pris. Une impulsion. Je me suis approché du ballon, tranquillement. Et j'ai glissé à l'oreille d'Henri, sans complexe : « File-le-moi et je le mets au fond ! » Henri s'est effacé, et le comble, sur ma lancée, j'ai tenu parole. Les vingt mille spectateurs ont exulté.

Cette impertinence candide a beaucoup fait pour ma jeune réputation. En fait, j'étais lancé.

Comme le coup franc de Platini, la raison t'aurait commandé de laisser à un briscard la responsabilité du penalty.

Comme lui, au contraire, tu t'es approché du ballon, *tranquillement*, et tu as marqué. La même impertinence.

A Manchester, toi aussi tu étais lancé.

Donc, Kevin Keegan, joueur fétiche de Liverpool, *marchait sur l'eau* à la fin des années soixante-dix. Tignasse noire tombant sur ses épaules bien carrées, buste de gladiateur sous le maillot des *Reds* (eux aussi), il était l'idole du Kop. Saint-Etienne, qui prit l'eau dans le port en déclin du Merseyside, en 1977, n'est pas près d'oublier les sortilèges de ce petit meneur de jeu et korrigan des stades.

Toi, tu surfes sur les flots, mais tu fais des vagues.

Les premiers remous agitent évidemment Leeds, havre inhospitalier pour Manchester United et coupe-gorge annoncé pour toi, bien que, ironie de l'histoire, tu y résides encore avec femme et enfant.

Je dis coupe-gorge à dessein, parce qu'on l'a, justement..., dessiné. Il faut lire et relire, en effet, la banderole blanche frappée de lettres noires qui salue ton retour à Ellan Road sous le maillot honni : *Foutre le camp Cantona !* Du français de tribune, un sabir. Une *pastachouta.*

Mais il y a aussi le choc de la photo. Sur la droite, une caricature aux traits grossiers te montre décapité, la tête dans le panier, sous une guillotine éclaboussée de ton sang.

Leeds 1993 à l'heure de la Terreur 1793.

A Leeds, répétons-le, on n'a jamais admis ton chant du départ. *Déception* était le moindre mot. *Trahison*, le plus banal.

Au début, les fans ont submergé d'appels les standards du Club, des journaux et des radios. Ils étaient déboussolés. Leur étoile perdait le nord.

Ils ne s'étaient pas glissés, hélas, par le trou de souris du vestiaire, quand Wilko, l'entraîneur parano, était passé à la moulinette de tes grosses colères, après qu'il t'eut désigné pour faire de la figuration, sur le banc, à la veille d'un match capital contre Arsenal.

S'ils l'avaient fait, ils t'auraient compris. Et ils auraient aimé ton morceau de bravoure ; du Pagnol pimenté de chili. Si tu défendais ton maillot, en effet, tu défendais d'abord tes couleurs. Ton club.

Hélas, on ne sait pas tout quand on est fan. Et fan aveugle. Ou aveuglé... Comme ce certain Mark Edwards. Qu'a-t-il dit ? Qu'a-t-il fait ? Il venait de l'Ouest, du pays de Galles (huit cents kilomètres aller-retour !) spécialement pour ce sommet du championnat.

Il était assis près du tunnel qui mène au vestiaire. A la fin du match, il s'est levé. Il raconte :

Cantona ne m'a pas particulièrement visé, mais j'ai reçu un crachat de sa part en plein visage. Il m'éclaboussa l'œil et la bouche. Ce fut la pire humiliation de ma vie.

Sur ce, le Gallois prit sa plus belle plume (d'autruche ?) pour écrire à la Fédération anglaise, vieille lady londonienne. Il exigea des excuses publiques et menaça de porter plainte. Plainte non recevable, d'ailleurs. Car le chef de la police d'Ellan Road, le superintendant Greg Wilkinson (autre Wilko), refusa de prendre le cas en considération :

A ma connaissance, il ne s'est rien passé, déclara-t-il sobrement sur le ton très gentleman de *Chapeau melon et bottes de cuir. J'ai suivi Cantona des yeux jusqu'à l'entrée des vestiaires, et n'ai rien vu de suspect de sa part. Bien sûr, il y a eu quelques quolibets contre lui et des gestes obscènes, comme toujours après un match. Mais je ne l'ai absolument pas vu répliquer à quiconque.*

Témoignage ferme, carré, d'un officier de police en charge même des affaires d'Ellan

(© Dylan Martinez / Reuter / MAXPPP)

Banzaï. Opération kung-fu…
25 janvier 1995, Selhurst Park.
On vient de jouer la 48e minute
du match Manchester United –
Crystal palace. Tu es expulsé.
Sur le chemin des vestiaires,
la foule londonienne te conspue. Un
hooligan, Matthew Simmons,
t'injurie et insulte ta mère.
Les crampons en avant,
tu le renvoies parmi les siens.

(© S. f. p. / MAXPPP)

(© S. f. p. / MAXPPP)

(© P. Black / Vandystadt)

Un majeur bien raide et bien tendu vers… les traîtres, les cons etc… Un arbitre défié au fond des yeux. L'un d'eux, Vic Callow, t'a poursuivi car tu lui aurais dit : « Petit tu es, petit tu resteras ». Et la pluie des cartons jaunes et rouges. Sous tous les maillots, tu en vois de toutes les couleurs. Ta carrière n'est pas « un long fleuve tranquille… » Contrairement au film d'Etienne Chatilliez qui t'a offert ton premier rôle au cinéma, « le bonheur n'est pas toujours dans le pré ».

(© COLORSPORT / TEMP SPORT)

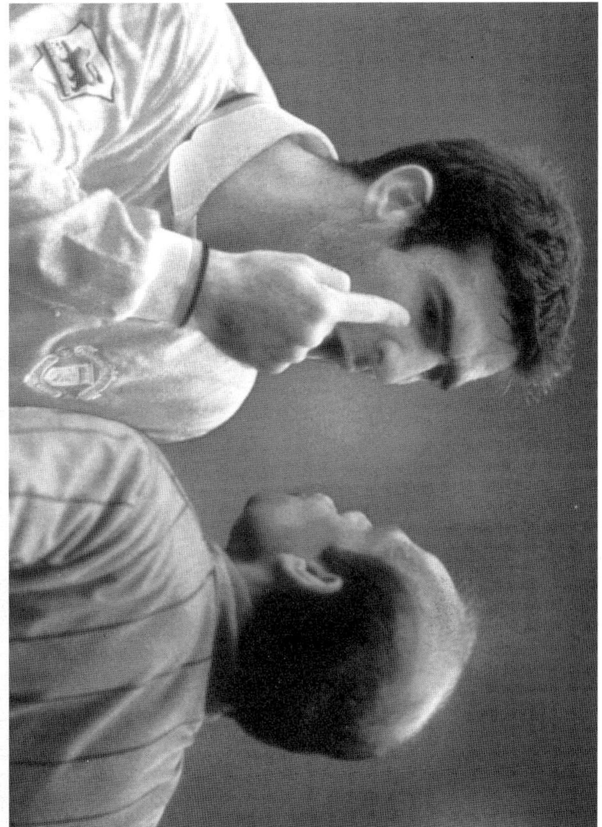

(© Bob Thomas / TEMP SPORT)

(© Bob Thomas / TEMP SPORT)

Smoking et nœud papillon : tu es élu Joueur de l'année 1994 par les joueurs professionnels anglais.
Le *must*.
Autographes à la chaîne pour tes fans.
La joie du but dans les bras de ton coéquipier Ryan Giggs et celle de l'égalisation face au rival Manchester City.
Enfin, l'ivresse du titre de Champion d'Angleterre dont tu brandis la coupe.

(© Christian Liewig / TEMP SPORT)

(© Bob Thomas / TEMP SPORT)

(© Shaun Botterill / ALLSPORT)

(© David Cannon / ALLSPORT)

(© NIKE)

(© Russel Boyce / Reuter / MAXPPP)

« Les derniers héros sont des footballeurs », proclame la publicité Nike qui te recrute ainsi que Basile Boli. La firme américaine de sportswear te sacre : « Le nouveau roi des Anglais est jeune, grand, beau et Français. »
Bic joue la fraternité : « Moi aussi je m'appelle Cantona » pour vendre ses rasoirs orange (toi)
et vert (Joël).
Les temps sont durs :
le 23 mars 1995, escorté de policemen et de fans,
tu arrives au tribunal
de Croydon.

(© NIKE)

(© NIKE)

(© BIC)

(© Christian Liewig / TEMP SPORT)

(© ONZE-MONDIAL / TEMP SPORT)

(© A. Berg / FSP / GAMMA)

Michel Platini, l'homme qui ne t'abandonna jamais. C'est lui qui allait t'arracher à ton « *French Football Blues* » et te conseiller le chemin de l'Angleterre et du triomphe.
Avec Guy Roux, ton premier entraîneur pro, maquignon et duc de Bourgogne à Auxerre.
Avec toi l'agence Gamma réalise un « close up » en noir et blanc digne d'une exposition internationale. Numéro 7. Cantona. « *God* ». « Dieu ».

Road, et rapporté sereinement par le *Daily Mirror.*

L'enquête, néanmoins, se trouva parachutée sur le bureau de la Fédération. Il fallut trancher. Rendre justice.

Que croyez-vous qu'elle fit ?

Elle enregistra doctement, en bonne et due forme, la lettre courroucée du sieur Edwards, postée depuis son lointain pays de Galles — *J'ai reçu un crachat de Cantona en plein visage* —, passa pudiquement sur l'atmosphère électrique d'Ellan Road, et ferma les yeux sur la banderole des coupeurs de tête. Puis elle prit connaissance du témoignage circonstancié du superintendant Wilkinson (*Wilko 2*).

C'était parole contre parole. Celle du fan outragé contre celle du policier assermenté.

Alors, que fit la Fédé ?

Elle condamna.

Qui ?

Cantona.

Canto ?

Oui. Mille livres d'amende ! Dix mille francs. Pour l'exemple.

8

SYMPATHY FOR THE DEVIL

Tu connais le *devil pin.* Le pin's du diable.

C'est la dernière trouvaille des Rolling Stones ; la marque de *Voodoo Lounge*, leur tour du monde 1994-1995, une grande boucle à quatre cents millions de dollars.

Le *devil pin* orne les tee-shirts, disques et vidéo-cassettes en vente sur la tournée infernale, un marathon-rock qui les a menés de Finlande à la République tchèque, via... Sheffield (on n'en sort pas).

Sous les cornes du démon et le sourire sarcastique, les érudits de la légende des Stones croient reconnaître les traits énigmatiques de Charlie Watts, l'insondable batteur, dont on dit qu'il ne rit que dans les cimetières.

Sylvette, rockeuse magistrale, nourrie au lait de *Culture rock*, émerge de la douche tropicale tombée du ciel en plein concert à Paris, et jure contre l'évidence que ce n'est pas Charlie Watts.

— *Alors qui ?*

— *Cantona !*

Aussitôt, avec Hervé Brossard, l'élégant boss de *DDB,* l'agence en charge de la prochaine Coupe du Monde de football, nous partons d'un rire aussi revigorant qu'un grog au whisky.

Sous la pluie et dans la gadoue du Woodstock parisien, nous rivalisons de comparaisons imagées entre les Rolling Stones et... Manchester United. *Devils* contre *Red Devils*. Diables contre Diables rouges.

Les couleurs sont les mêmes. Rouge et noir.

Le rouge est partout dans la symbolique des Stones. De la grosse langue pendante façon Tex Avery — revue et stylisée par Andy Warhol — et qui, depuis vingt-cinq ans, reste leur logo, la marque de Mick Jagger et de son commando, jusqu'aux couvertures de disques les plus flashy, c'est le rouge qui mène la danse : *Tattoo you*, *It's only rock'n'roll*, ou qui griffe le noir de la pochette, d'une simple accroche, comme celle de *Sticky Fingers*. Ou, enfin, qui éclate sur les affiches de collection des tournées : le paquebot de 1970, genre croisière à ladies ; la limousine grand siècle du tour de Grande-Bretagne, en 1971, et, bien sûr, l'avion de la tournée américaine de 1972, fonçant au-dessus des nuages, sur les gratte-ciel (rouges aussi).

Le rouge et le noir. La couleur des Stones. Et de Manchester United. Tes couleurs.

Depuis 1969, elles se fondent dans le répertoire commun. C'est l'année de *Sympathy for the Devil*, où Jagger vocifère ses incantations sur un rythme de samba, et qu'Old Trafford réadapte aussitôt : *Sympathy for the Red Devil.*

Depuis 1992, le *Red Devil*, c'est toi.

Tes coups de patte *diaboliques* ont rendu à Manchester United un premier titre de champion. Depuis des années, le club tirait… le diable par la queue. Pour toi, c'est le deuxième consécutif en deux saisons et avec deux clubs différents (du jamais vu).

Au balcon du City Hall (la mairie) de Manchester, tu varies ton petit couplet face à la foule en extase. Tu laisses à Leeds l'exclusivité de ton premier cri du cœur : *Je ne sais pas pourquoi je vous aime, mais je vous aime.* Cette fois, tu nous sors une maxime inspirée par Jim Morrison, le chanteur des Doors qu'une piqûre de trop catapulta vers les anges : *L'instant est béni. Le reste n'est que souvenirs.*

La presse londonienne, si sceptique à ton endroit, n'en peut plus de dérouler le tapis rouge (encore) sous tes pas. Tout est bon pour révéler le penseur épanoui qui se dissimule sous des silences prolongés : tu deviens à la fois Rimbaud, Picasso, Mickey Rourke, Jim Morrison et même Mick Jagger.

Baptisé au rock pur et dur (Elvis, Gene Vincent et la guitare des *Blue Caps* qui pleure dans *Baby Blue*), j'ai toujours cru que le rock était mort, en 1960, dans un taxi à Londres. C'est l'année où Eddie Cochran, dans le crash, repartit en cuir noir vers ses ténèbres originelles.

J'ai toujours cru aussi qu'un certain football était monté au ciel avec Duncan Edwards et ses compagnons du vol tragique de la BEA, tombés dans les neiges de Munich en 1958.

Et puis les Stones sont arrivés. Ils ont gommé les Beatles, aux ritournelles arrosées de sherry et détournées du répertoire de Chuck Berry. Liverpool, la rude, la brave, méritait mieux que ce quatuor étriqué à cheveux ronds et col Mao.

Et puis tu es arrivé, toi, Canto.

Entre un concert des Rolling Stones et un match décisif de Manchester United, le choix est impossible.

Emotional Rescue est aux deux rendez-vous, garanti sur ticket d'entrée.

Alors, qu'est-ce qui peut pousser à préférer *Satanic Eric*, l'espace d'une nocturne, à leurs *Satanic Majesties Request* ? Magic Eric à Magic Mick ?

Une seule chose peut dicter ce choix.

Dans un concert, on suit un programme. C'est-à-dire une vingtaine de chansons. Tout est minuté, de l'intro au rappel.

On sait exactement l'instant où, voix traînante et déhanchements sexy, Jagger, faune et bacchante à la fois, va dribbler entre les porte-jarretelles de Lisa Fisher, sa longue choriste black, lippue et fessue — sur *Brown Sugar*, bien sûr —, et se faire lécher à langue rose et gourmande son visage pâle et sa peau de *chicken* maigre. Blanc poulet.

Ici, la foule anticipe sur les mots. Elle connaît les paroles par cœur, jusqu'à la corde du premier *single*. Si le ballet envoûtant, arrogant et provo de Jagger l'hypnotise, elle est venue s'étourdir avec lui.

Les riffs endiablés (*of course*) de Keith Richards, le maudit décharné, et l'habileté rythmique de Ron Wood n'ont pas de secret pour les fans.

Oui, la foule connaît tout. Le suspense est donc ailleurs.

Ce que la foule ne sait pas, en revanche, c'est l'instant où ta reprise de volée va crever la lucarne du but adverse, celui de la passe éclair de Ryan Giggs, à la Ron Wood grattant une *slide* (la fameuse guitare jouée à plat), ou la minute de vérité de l'exécution capitale (Mick Jagger à la guitare sèche sur *Let it bleed)* et *la grande-solitude-du-gardien-de-but-au-moment-du-penalty*.

Cette émotion-là n'est pas programmée. Elle n'est pas enregistrée en régie et ne défile pas sur les prompteurs à la place du souffleur.

Jusqu'aux arrêts de jeu, jusqu'au baisser de rideau du match, un seul coup de pied peut retourner un résultat, frapper au cœur et relancer les chœurs.

Mystique du rock.

Mystique du foot… Hitchcock en plus.

Alors, le diable devint Dieu.

A Manchester comme ailleurs, le *merchandising*, autrement dit l'exploitation commerciale des marchands du temple, bat des records.

On s'arrache ton maillot, étiqueté du numéro 7. On se l'arrache tellement que ton nom campe carrément en tête du hit-parade.

Tout le monde se balade avec *Cantona*, numéro 7 sur le dos. Un label, à la Jack Daniel's, whiskey de la country rock et du Tennessee.

Un petit malin va plus loin. Il te débaptise en te glorifiant.

Il lance une série de nouveaux maillots, certes floqués du célèbre numéro 7, mais à l'enseigne de *God*, Dieu. Et tout le monde de se ruer sur God.

King Eric est devenu... Dieu !

Evidemment, les saints, tes coéquipiers-apôtres, sont avec toi.

Mais l'enfer est pour demain.

Les adversaires n'hésitent plus à multiplier les péchés sous tes pas. Tu subis des fautes en rafales. Tu tombes. Te relèves. Râles. Et, comme la vénérable Fédé, dans l'affaire du crachat de Leeds, les arbitres prennent le parti adverse. Sous ton nez, on brandit le carton rouge de l'expulsion.

Très vite, tu es catalogué *forte tête.* Comme Gregory Peck, alias Jimmie Ringo dans le western mythique *La Cible humaine* (*The Gunfighter)*, tu ne veux pas répliquer aux provocations, tu veux ignorer les poses arrogantes des arbitres, tu fais la sourde oreille aux clameurs du stade.

Mais tu ne peux te résoudre à tendre la joue droite après avoir reçu un coup sur la gauche.

Alors tu dégaines. Comme Jimmie Ringo, tu te rebelles. Dans une société aseptisée, au langage domestiqué et à la pensée unique, tu es notre dernier rebelle.

Ces rébellions te coûtent cher. Forcément. On t'indique la sortie plus souvent qu'à ton tour : *Exit in Red*, comme le titre du nouveau film de Mickey Rourke.

La Fédé, qui ne t'avait pas dans ses petits papiers, grossit, comme à plaisir, ton casier.

Tu joues à Galatassaray, en Turquie. Expulsion : la tête de Turc, c'est toi.

Expulsion (injuste) à Swindon, contre Arsenal, dans la même semaine.

Ici, quatre matches de suspension (par l'UEFA, Coupe d'Europe). Là, cinq matches de suspension en Angleterre. *Eric the Brat, Mad Man, Crazy, Fool* sont les injures les plus modérées de la presse anglaise. Le coup de grâce revenait, par nature, à l'inévitable *Sun*, ce papier gras des campagnes caricaturales anti-françaises. Pour Cantona, le *Soleil* de caniveau réécrit les lois du jeu. Par exemple :

Loi XII. Fautes et conduites incorrectes : Cantona n'est pas fautif. Il est français, donc il n'a pas l'intelligence nécessaire pour commettre un acte intentionnel.

Le *Sun* est comme Mr. Des Kelly, du *Sunday Express.* Question fautes et conduites incorrectes, il n'y voit que du bleu. Du bleu France. Une vraie névrose. L'un et l'autre n'ont jamais entendu fuser une insulte en Angleterre, assisté à une bagarre de rues, ou vu un hooligan errer sur leurs rives de la Manche.

Ils n'ont rien vu. Et ils n'ont rien lu.

Ils n'ont pas ouvert, par exemple, la très exhaustive étude du Pr Desmond Morris, universitaire distingué et président d'Oxford United. En 1979, il a publié *The Soccer Tribe.* La tribu du football. Une ethnologie. Une zoologie. Il a tout passé au tamis de la connaissance par une méthode scientifique reposant autant sur les archives que sur sa propre expérience.

Ballons, maillots, couleurs, emblèmes, trophées, souvenirs, autographes, mascottes sont répertoriés, classés, annotés, commentés. Grâce à lui, on sait que le rouge (comme Manchester, Liverpool, Arsenal, Nottingham) est la couleur dominante en football.

Jouent en rouge :

26 p. 100 des clubs anglais
11 p. 100 des clubs écossais

30 p. 100 des clubs français
40 p. 100 des clubs italiens.

Ensuite, c'est le bleu et le blanc qui dominent. Le vert (*Allez les Verts ! Allez Celtic !*) ne se classe que onzième, sur seize.

Mais Desmond Morris ne s'est pas contenté d'étudier le côté face du football et son chatoiement de couleurs. Il a aussi plongé vers ses zones d'ombre et ses points noirs.

Il a suivi les suiveurs. Les fans et les hooligans. Derrière les drapeaux et les fanfares, il a débusqué les battes de base-ball et les balles de golf cloutées.

Il a étudié les chants et le langage des tribunes.

Grâce à Desmond Morris, les commentateurs de la télé n'ont plus l'excuse de s'extasier sur la chorale des stades anglais, sous prétexte qu'elle chante juste.

Voici, en effet, un petit florilège des slogans, rythmés avec battements de mains synchro. Et destinés à humilier l'adversaire. Par exemple, Manchester United :

Le soliste — *What do you think of United ?*
La foule — *Shit ! Shit ! Shit !*
La voix — *Manchester ?*
Le chœur — *Shit !*

La voix — *Manchester ?*
Le chœur — *Shit !*
La voix — *Manchester, Manchester, Manchester ?*
Le chœur — *Shit ! Shit ! Shit !*

En résumé :
— Qu'est-ce que Manchester ?
— De la merde ! De la merde ! De la merde !

Ou encore :

You dirty (Manchester) *bastard ! You dirty* (Manchester) *bastard !* (bis).

Ou, version personnalisée :

You dirty (Cantona) *bastard ! You dirty* (Cantona) *bastard !* (bis).

Et encore :

If you all hate (Cantona), *clap your hands* (bis).

Autrement dit :
Toi, sale bâtard de (Manchester), toi sale bâtard de (Manchester).

Ou :

Toi, sale bâtard de (Cantona). Toi, sale bâtard de (Cantona)...

Ou enfin :

Si vous détestez (Cantona), tapez dans vos mains.

Ce qui se fait aussitôt.

Ton baptême de la chansonnette sarcastique, c'est évidemment à Leeds que tu l'as subi. Une mise en musique élémentaire sur des paroles traditionnellement réservées aux transfuges, même ceux payés au plus haut prix.

Re-ject (Leeds). *Re-ject* (Leeds). *Oh, oh !*

Chassé (de Leeds). Chassé (de Leeds). Oh, oh !

Ce n'était là qu'un modeste aperçu du répertoire qui t'attendait ailleurs, sans t'empêcher de courir victorieusement au doublé historique, Coupe et Championnat. Tu marqueras même deux buts glorieux à Wembley ! Sur les quatre qui mirent Chelsea en déroute. Deux penaltys encore. Deux *exécutions capitales* sous les vociférations de la foule adverse.

Mais il t'en fallait encore d'autres, alors, pour te faire (vraiment) craquer.

Mis en scène par les Rolling Stones dans la lignée de leur acide succès *Woman Bitch*, un rock au riff prolongé, on rirait de ces éclats et dérapages de tribune, de ce *dirty language*. De ces foutues chansons. On danserait même dessus. Mais là-bas, en Angleterre, on se frappe sur ces airs-là. Et si les Stones ont laissé naguère un mort sur leur passage, en 1969, à Altamont, en Californie (un Black armé d'un revolver, battu à mort par les Hell's Angels), les hooligans ont fait bien d'autres dégâts depuis. On l'a vu, et pas seulement au Heysel.

On l'a vu. Sauf Mr. Des Kelly, bien sûr. Et les militants anti-Frenchies du *Sun*. Dès lors, le guet-apens de Crystal Palace se met en place pour toi.

Pour tes ennemis, comme pour ceux du *Sun*, le pin's du diable, le *devil pin*, des Stones, c'est forcément toi.

9

La jungle de Fleet Street

Cette année-là, en 1994, tout allait bien. Trop bien…

Malgré la presse « de caniveau ».

Malgré les *chants* dévoyés.

Malgré les hooligans.

Malgré les arbitres.

Malgré la Fédé…

Malgré, malgré, malgré…

Oui, tout allait bien.

Honneur suprême, les joueurs, tes pairs, ceux qui mesurent au prix du talent et de la sueur ce qui les sépare les uns des autres dans la chasse aux distinctions et aux exploits ; ceux-là même qui sont à la fois tes confrères et tes concurrents, tes partenaires de saison et tes rivaux potentiels, te délivrent à la quasi-unanimité la fourragère rouge et l'ordre du mérite national de l'auguste corporation.

Ils te font *PFA's player of the year*. C'est-à-dire joueur de l'année. Joueur des joueurs.

Liam Brady était l'âme et l'esprit de la *brigade irlandaise d'Arsenal* (cinq joueurs sur onze venaient de la République — du Sud ; trois de l'Ulster du Nord). Un jour, à Turin, où il avait devancé Platini comme meneur de jeu de la Juventus, il me confia : *J'aurais donné tous mes titres pour celui-là.*

Brady fut fêté, comme toi, au Hilton de Londres. C'était en 1979. Sur sa lancée, il y alla de son petit couplet corporatiste :

C'est encore mieux que l'Oscar de Hollywood, car en football les dirigeants, les entraîneurs, les gonfleurs de ballons et les journalistes ne votent pas. Seuls les acteurs comptent. Aux Oscars, ce sont les machinos qui font la loi.

Comme toi, Brady avait la revue de presse critique. Il l'appelait *The Fleet Street jungle drum*, autrement dit, le tam-tam primitif de Fleet Street, auquel il prêta un large écho dans ses Mémoires (*So far, so good*).

Je m'étonnai de sa virulence et de ses emportements de barde à l'égard des confrères britanniques.

Il répondit par trois exemples : l'affaire Nelson (pas l'amiral, non, mais son coéquipier d'Arsenal), le tour de passe-passe de Steve Curry, et l'incident Macdonald.

Sammy Nelson était déjà un vieux routier du football quand une période de méforme prolongée lui valut d'être la cible de ses propres fans… Chaque match était son petit Trafalgar (dans le sens français, c'est-à-dire comme notre Waterloo). Enfin, il marqua face à Coventry. Doigt tendu (tu connais ce geste, des photos l'attestent), il se dirigea vers la tribune des frondeurs, leur tourna le dos et baissa son short, révélant au public un postérieur joufflu et blanc comme de la chair de poulet.

Mélange de rires et de bronca dans l'arène…

La tribune de presse du stade de Highbury se pinça le nez et se drapa dans un silence offusqué, suivi de vociférations téléphoniques vers les sténos de permanence : *Allo, Shocking à Highbury.*

Nelson écopa d'une forte amende. *Normal,* me dit Brady, *il fallait payer le prix, même si, pour lui, on doubla le tarif de l'outrage à la pudeur dans un lieu public.*

Ce que Brady ne digéra pas, en revanche, ce fut l'acharnement thérapeutique du *tam-tam primitif.* Les roulements de tambours, la *Jungle drum* de Fleet Street, incitèrent, en effet, la Fédération à suspendre Nelson jusqu'à la finale de la *Cup,* qui se jouait cette année-là contre... Manchester United. Dur, dur.

Steve Curry, lui, bonne bouille ronde et blonde, était (il l'est toujours) journaliste de foot au *Daily Express.* Un jour, Brady lui accorde une interview. Banal. Stupeur, il retrouve mot pour mot ses propos dans le... *Daily Mirror* ! Curry avait sous-traité avec son confrère et néanmoins copain, Kevin Mosely. *C'est,* m'explique, amusé, Brady, *comme si je m'entraînais la semaine avec Arsenal et que je joue, le samedi pour... Liverpool contre Arsenal !*

Quant à Malcolm Macdonald, sorte de *Bulldog Bobby* de Newcastle transféré à Arsenal, on annonça carrément sa mort à Brady. Mort au volant.

En fait, il y avait confusion sur le nom, un Macdonald pouvant toujours en cacher un autre, surtout au sud de l'Ecosse.

Le lendemain, à l'entraînement, on accueillit avec soulagement Bulldog Malcolm, redoublant de fausses condoléances inspirées des légendes écossaises, pleines de fantômes et de maisons hantées.

Fantôme Macdonald ne riait pas. Un reporter trop pressé — qui n'avait pas vérifié ses infos, la faute est là — avait annoncé brutalement la mort de Malcolm à sa femme, Julie.

Elle était enceinte et avait fait un malaise, frôlant la fausse couche...

Ces trois exemples, qui remontent à quinze ans, prouvent, malgré la dérive obsessionnelle et névrotique du *Sun* à ton égard, que tu n'es pas la première victime de Fleet Street.

Keegan, dont Ginola transféré du Paris Saint-Germain apprécie la trempe et l'envergure à Newcastle, m'en a raconté de sévères sur les campagnes diffamatoires qui entourèrent ses débuts à Liverpool. Il eut à supporter une réputation de play-boy des boîtes de nuit au pays des Beatles, dut jouer à Belfast alors que sa tête était mise à prix en pleine guerre anglo-irlandaise. On alla, comme dans le film *Le Parrain*, jusqu'à tuer Danny, le cheval de sa femme (il en eut l'intime conviction) et, circonstance odieuse aggravante, au lendemain même de la mort de son père !

Comme toi, Keegan était une superstar. Comme lui, Brady était un caractère. Dalglish aussi. Donc, des cibles de la presse et du public de gouttière.

Tous les trois, fatalement, t'ont précédé au palmarès envié de *Joueur des joueurs.*

C'est un gros peloton de joueurs, d'ailleurs, près de quatre cents pros, qui ont voté pour *Can-to-na* dans le secret de leur conscience.

Grâce à toi, pour la première fois depuis vingt ans, date de création du trophée de la PFA, un étranger (à part Brady, l'Irlandais du Sud), un Français, un *Frenchie*, a l'honneur de recevoir cette noble distinction :

Ooh ! Aah ! Cantona !

Même Poltson, dont le tibia a croisé tes crampons à Norwich, a voté pour toi. Juré.

Alors, sourire de circonstance, smoking d'un soir et nœud *butterfly*, tu apparais comme délivré sous les vivats de tes pairs. Bien sûr, les rubricards les plus indigestes du *Sun* en avalent de travers leurs *frogs* (grenouilles) en brochettes persillées.

Vidéocassette à l'appui, commentée en français par ton copain cool de France 2, Didier Roustan, tu deviens *Eric the King*. Eric le roi. Un couronnement que les joyeux sujets de Manchester fêtent dans des flots de Guinness aussi noire que la rivière Lifey et de Lager, tandis que se profile le doublé historique, Coupe et Championnat. Puis, histoire d'en rajouter sur ta carte de visite, déjà bien surchargée, le *Charity Shield*, le célèbre bouclier du match de Charité, tombe pour la deuxième fois dans ta gibecière, à la fin de l'été.

Entre le football anglais et toi, c'est un palmarès à tartan de clan gaélique orné de faits d'armes : trois titres de champion (Leeds, 92,

Manchester, 93 et 94), la Coupe 94, deux boucliers de Charité (Leeds, 92, Manchester, 94).

Tu finiras par parader au *Military Tattoo* d'Edimbourg, lors du festival international d'été, cornemuse au vent.

Tout va bien.

Tout va trop bien.

D'abord, puisque le *Sun* s'est fait une spécialité de la chasse au gros, donc au Canto, il publie un avis à la population digne d'un *wanted* de western. Il plagie le fameux *Ooh ! Aah ! Cantona !* par un vulgaire :

Booze — Ah — Cantona (littéralement : alcoolo, fêtard de Cantona).

Tout Manchester a hissé ses couleurs pour célébrer le deuxième titre consécutif de champion. *Au champagne,* précise John Troup, qui fait des bulles en tournant son stylo comme une petite cuiller dans un fait divers de coulisses.

Avec toute l'équipe, tu t'étais retrouvé au champ de courses de Chester, le 6 mai. *Au champagne.* Un Mr. Tom Doyle, businessman en goguette, n'aime pas les bulles. Ou la fête :

Ça criait trop, racontera-t-il plus tard. *J'ai dit aux joueurs ce que je pensais de leur conduite.*

Cantona était tout excité. Deux cents personnes se mirent à hurler. Plus tard, dans la rue, Cantona me cracha au visage.

Cet outrage suffit au *Sun* pour recracher son artillerie lourde : *Booze — Ah — Cantona,* alors que la moitié de l'article concerne Paul Ince, ton coéquipier black, victime, témoigne un homme d'affaires de Glasgow, d'injures raciales :

Tuez le nègre ! rapporte avoir entendu l'honorable Ricky Weatherburn. Ricky dut même plaquer Paul Ince, lancé poings fermés vers ses insulteurs, à la manière d'un joueur de rugby.

John Troup consacre deux colonnes à l'incident Paul Ince, mais titre sur Cantona. Un titre à la une.

Puis survient le coup de l'affiche.

Visage mangé par une barbe (bleue ?) de trois jours, tu apparais sur fond de bannière blanche à croix rouge (le drapeau de la seule Angleterre et non pas l'Union Jack tricolore du Royaume-Uni) avec ce slogan jugé provocateur :

66 a été une grande année pour le football anglais. Cantona est né.

En signant cette annonce radicale, Nike, ton sponsor, t'entraîne dans la deuxième dimension publicitaire. Le deuxième degré. Nike fait fort. Ses responsables de la promotion et du marketing ont décelé en toi la personnalité *plus* qui leur permettra de placer la barre du message plus haut. Ils ont misé sur toi, alors même que tu débarquais à Leeds, au lendemain de l'interlude comique de Sheffield, quand Trevor Francis jurait que tu ne valais pas un penny... Et, donc, bien avant le premier titre et ton nouveau statut de star.

Nike, qui fait de la philosophie sportive un art d'école, se met aussitôt Manchester, Old Trafford, Stretford End, le pub Bridgewater — ton QG du soir près du Novotel, havre de repos entre deux entraînements — dans la poche. C'est là que, très gentleman, tu reçus Katherine Pancol, notre *Scarlett* pour *Paris Match*, où l'avait devancée Gilles Lhote, bottes de pionnier, jeans *de héros,* blouson *collector,* pour *Match* aussi, gagnant ta confiance par votre amour partagé pour Mickey Rourke et les Harley Davidson.

Nike se met aussi dans la poche tous les piliers des autres pubs acquis à la religion des *Red Devils* et à son sacro-saint *devil's pin,* c'est-à-dire toi : *La Tasca, Dry 201, Dukes, Manto* (rebaptisé *Canto*). Toutes ces chapelles (ardentes) chavirées à la bière pression en redemandent : *66 a été une grande année pour l'Angleterre. Cantona est né.*

Ici et là, on s'arrache les autocollants.

Ailleurs, en revanche, on les arrache. Les autres buveurs de bière du pays, à Leeds et à Chelsea, par exemple, ont la mousse mauvaise. D'autant que 1966, ton année de naissance, certes, est d'abord, par ici, celle où, pour la première fois depuis sa création en 1932, l'Angleterre (de Bobby Charlton, le divin chauve) arracha la Coupe du monde.

Sacrilège, donc.

Evidemment, pour venger l'affront, on t'en promet et de rudes, sur tous les terrains du royaume. Soudain, fleurissent les *bad boys.* Pas ceux du cinéma, non, les deux flics de Beverly qui *ne sont pas méchants mais s'énervent parfois,* mais les durs, les vrais. Par exemple, ceux de Wimbledon. Ces *bad boys*-là ne sont pas des philosophes revisités par Nike, mais des justiciers de série B. Dès la reprise du championnat, ils viennent te chercher noise.

Il ne t'en faut pas plus, évidemment, pour sortir le grand jeu. Avec la complicité de Ryan Giggs, lutin d'attaque, tu troues les filets de l'équipe de Wimbledon, dont le nom sent le revers : 3-0 !

Eric is back ! (Eric est de retour !) s'incline le *Daily Express.*

Alex Ferguson — alias Fergie (à ne pas confondre avec Sarah, la rousse *princesse volage*) — en rougit de fierté.

Première alerte quand même, mais sans conséquences.

La deuxième est plus vicieuse.

Elle est signée Fashanu.

Pour ceux qui auraient oublié ce joueur exotique des années quatre-vingt, disons qu'il fut le grand espoir inabouti de Wimbledon, aujourd'hui à Aston Villa. Il sévit aussi dans les colonnes de l'incontournable *Sun,* le journal des boutefeux antigaulois.

Fashanu écrit noir sur blanc : *Attention, Eric. Les joueurs professionnels commencent à colporter entre eux que tu es devenu un vrai salopard.*

Etrange mise en garde envers un joueur fraîchement élu par… les joueurs ! Et par quel porte-parole ! En juillet dernier, Fashanu était de nouveau entendu par la police du Hampshire dans le cadre d'une vaste enquête sur les matches truqués… Il est même soupçonné d'avoir entravé le cours des investigations. Sont également impliqués dans sa foulée : Melissa Kassa-Mapsi, sa compagne gabonaise, et Heng Suan Limen, un intermédiaire malaisien.

Manchester a beau porter plainte, le mal est fait.

Ta deuxième apparition publicitaire pour Nike fait sortir les philosophes en chambre du bois.

Elle est encore tout au deuxième degré et prend, bien sûr, les lecteur du *Sun* à contre-pied, ce qui n'est pas un exploit, pardon, vu le niveau... Le *Sun* vole au secours des siens (douze millions par jour, je répète !) en s'attachant les services d'une psy.

Susan Quilling a trente-huit ans. On ne sait pas à quoi ressemble cette Suzy Q., vu que le *Sun* fait l'économie de sa bobine. Sans doute pas à Sue, la Peggy Sue que chantait Buddy Holly.

On la présente comme la spécialiste du langage grossier. On l'installe devant ta vidéo de pub, encore toute chaude. La pellicule tourne sous son nez. Elle te découvre donc, le regard fermement posé sur la caméra, l'air goguenard et plus avare d'une triple vantardise de mauvais garçon :

Cantona :

On m'a puni pour avoir frappé un gardien de but...

... Pour avoir craché sur un supporter...
... Pour avoir jeté mon maillot...
... Pour avoir lancé le ballon sur un arbitre...
Et pour...
Avoir traité mon entraîneur de tous les noms

(Ici, il disait initialement « sac à merde », mais le concepteur a jugé devoir amortir la phrase.)

Alors, à la Commission qui m'a puni...
j'ai dit :
Vous n'êtes qu'une bande d'idiots !

Fermez le ban.

Subtilement, Nike appose sa griffe, véritable petit joyau de réflexion et d'intelligence :

Cantona : *A un moment, j'ai cru que j'aurais du mal à trouver un sponsor...* (logo Nike).

Pour qui connaît *la philosophie* Nike, pas même besoin du logo, de la signature.

Le sponsor, tradition maison, n'engage pas d'angelots en survêtement dans son équipe. Il ne s'attendrit pas sur les champions transparents qui font l'admiration béate des dirigeants de cocktail mais répugnent à se battre quand il faut aller au-delà de soi-même.

Pas de champion soft. On n'est pas chez Canada dry — *Ça ressemble à l'alcool, ça a la couleur de l'alcool, mais ça n'est pas de l'alcool.*

Ici, on recrute le *vrai* champion doublé d'une *vraie* personnalité.

Quand il a posé le pied, naguère, sur le terrain du sport, Phil Knight, le boss, a d'abord fait le tour des tennismen du circuit et des tournois. Il y avait Vilas. Connors. Borg et Lendl. Passe pour Jimmy, l'Irlando-Américain au tempérament fantasque. Phil hésitait : *Et qui d'autre ?* Un conseiller émergea de ses dossiers :

— *Il y a bien un junior qui monte… Il est formidable, un surdoué même, mais il a un sale caractère…*

— *C'est lui que je veux,* trancha le boss.

Le junior s'appelait John McEnroe. Très vite, Wimbledon et l'Angleterre le surnommèrent *The Brat.* Mauvais Garçon. Comme toi aujourd'hui.

Pour Phil Knight, Cantona c'est son McEnroe nouvelle vague.

De quoi faire plancher Suzy Q., la psy-mamy mobilisée par le *Sun*, et qui réécrit son diagnostic de bazar : *Cantona est comme un petit garçon qui aime son image de dur.*

Cette image, elle la dissèque à plaisir. Mimique par mimique. Suzy Q. a soudain une révélation. Elle écrit : *Pour moi, le plus intéressant, ce ne sont pas les mots mais les instants pendant lesquels Cantona ne parle pas.*

Entre ses trop fières confessions, note-t-elle, *on le montre en train d'exprimer des attitudes enfantines. Lors de ces secondes de silence, il se mordille les lèvres, ferme les yeux, comme un enfant honteux de ses gestes, désarmant ainsi le courroux de sa mère.*

Cette Suzy Q.-là ne mérite vraiment pas d'être chantée, ni par Buddy Holly — d'ailleurs il est mort —, ni par les survivants de son orchestre, les Crickets, ni par Dale Hawkins, version sourdement rythmée à la guitare basse.

Psy de métier (!) et de circonstance (le *Sun),* elle oublie tout simplement que Cantona tient un rôle. Il le tient à la manière réelle d'un acteur, dans cette pub un rien subversive dont il n'a pas signé le script. Pub qui, enfin, pour *avoir traité [mon] entraîneur de tous les noms,* sera bannie des écrans en Angleterre. Selon ITC, l'organisme qui régit l'espace publicitaire sur les chaînes de télévision publique anglaises, ce film dans lequel tu apparais sans fard *déshonore le football.* Il est donc limité aux salles de cinéma. Même réaction du CSA (le Conseil supérieur de l'audiovisuel) en France. Sur injonction du BVP (le Bureau de vérification de la publicité) il est retiré des petits écrans français deux jours après son lancement. Preuve qu'Albion fait des émules chez nous.

A l'automne, après les feuilles mortes, s'abat sur toi un méli-mélo d'agressions encouragées, de réprimandes grossières, de chicanes de tribunes, de slogans hostiles — *You dirty* (Cantona) *bastard !* (Toi, sale bâtard de Cantona !) *If you all hate* (Cantona) *clap your hands* (bis). (Si vous détestez tous Cantona, tapez dans vos mains) (bis) — répertoriés ailleurs (à Oxford !) par le professeur Desmond Morris — on l'a vu — et réadaptés sur mesure pour toi. Contre toi.

Le rideau tombe aussi sur les trucages de la presse de caniveau.

Après l'intermède Suzy Q., Crystal Palace est pour demain...

J moins 100 !

10

TROIS HEURES AU BALLON

23 mars 1995.

Deux mois ont passé depuis que ta semelle et tes crampons ont renvoyé ton insulteur entre les bras d'un avocat.

Matthew Simmons, révèle enfin l'enquête, n'est pas un supporter innocent sorti des rangs, un samedi, comme une éruption de hasard.

Trois ans plus tôt, il avait été condamné à une amende et placé en liberté conditionnelle pour un vol à main armée… Il se retrouve, aujourd'hui, sous l'inculpation de troubles à l'ordre public.

Ce parasite des stades n'est plus un simple figurant de tribune. Si Manchester a fait de ce supporter dévoyé un ennemi public, ses copains de Crystal Palace lui payent une bière au pub. Il est de ceux qui répondent avec succès aux dix commandements du hooligan dont l'article 10 (répertorié par Desmond Morris) a valeur de loi universelle : *Assault a player* (assaillir un joueur). Matthew Simmons, vingt ans, est donc reçu avec mention.

Il n'a pas provoqué n'importe qui. Avec toi, il a fait fort. Au palmarès du hooliganisme, il est le champion de sa rue. Distinction supplémentaire, il passe en vedette américaine à ton procès, suivi par une mégaforce médiatique, caméras et micros en batterie, tout autour du tribunal de Croydon, au sud de Londres.

On compte deux cents photographes et quarante équipes de télé à la recherche de l'emplacement idéal : palissades, branches d'arbre, et fenêtres payées à bon prix. Un cameraman a même réussi à louer un de ces ascenseurs hydrauliques qui permettent de se hisser au-dessus des feux de signalisation routière pour changer les ampoules usagées.

L'envoyé spécial de l'*Independent Magazine* brosse un portrait majestueux de ton arrivée : *Lorsque Cantona est apparu depuis son hôtel, à trois cents mètres, il s'est trouvé enveloppé par des douzaines de snappers marchant à reculons et le tirant à coups de flashes, dans une étrange parodie de protocole royal.*

Manquait, apparemment, dans la mêlée ta deuxième *victime.* Ou plutôt celui dont la presse populaire aurait aimé faire une autre victime.

Un certain Terry Lloyd que, dans un subtil mélange de dérision professionnelle et de solidarité nationale, le titreur du *Daily Mirror* appelle : *Ooh, aah, painful reporter.*

Une photo le montre en chemise d'été largement échancrée, le cheveu dégarni et la mine déconfite, mimant, main sur la poitrine, un point de douleur aux côtes…

Derrière lui, une atmosphère de vacances exotiques, digne d'une carte postale : palmiers-cocotiers, filles en bikini.

La scène se passe à la Guadeloupe, où tu te reposes en famille, histoire d'oublier ta terrible dernière semaine de janvier :

Le 25 signa ton envolée kung-fu.

Le 26, on te retira le capitanat de l'équipe de France

Le 27, Manchester United anticipa sur les sanctions de la Fédération anglaise. Le club te suspendit jusqu'à la fin de la saison et te taxa d'une amende de vingt mille livres (cent soixante-quinze mille francs).

Tu avais décidé de mettre un océan entre Albion et toi.

Cap sur la Caravelle donc, le pionnier des villages-hôtels du Club Méditerranée aux Caraïbes, avec Raphaël, le fiston, sept ans, et ta femme Isabelle qui, ça se voit alors à l'œil nu, te donnera bientôt un deuxième petit Canto.

GO (gentils organisateurs) et GM (gentils membres) découvrent, sous le fier tatouage de chef indien qui orne ta poitrine, un… chef de famille serein, un homme comblé et attentif, loin du climat de violence qui règne sur les stades britanniques et dont tu es devenu, bien malgré toi, le bouc émissaire.

On est le 10 février. Ou le 11.

Tu dois revenir le 24 à Londres pour comparaître (première juridiction avant le tribunal de Croydon, un mois plus tard) devant les vieux *sages* de la Fédération anglaise, plutôt partis pour t'assommer.

Pas de vague donc, mais des jeux de plage en maillot de bain bariolé, façon bannière américaine. Un vrai Père-la-tendresse, qui fait l'admiration discrète des autres vacanciers, prend ses repas au buffet collectif, participe matin et soir aux parties de basket improvisées par les GO… Sympa. On te voit aussi très assidu sur le court de tennis, et mordu au tir à l'arc.

C'est alors que surgit Terry Lloyd, mèches au vent et houppette coiffant un large front. Tu es dans sa mire.

La petite histoire le présentera comme un reporter de quarante-deux ans *vétéran de guerres et de révoltes civiles autour du monde* (*Daily Mirror*).

C'est ce *vétéran* de l'action que la chaîne de télévision ITN a parachuté pour te débusquer sur ton île antillaise.

Un dur, Lloyd.

Son frère, Kevin, joue d'ailleurs les détectives de choc dans une série télé. On ne sait pas si Kevin a mis Terry sur ta piste, mais le résultat est là : le limier d'ITN, épaulé par son second, Mike Inglis, caméra au poing, surgit sous ton nez et devant le ventre rond d'Isabelle.

Evidemment, tu vois rouge. La couleur de Manchester. La couleur des Stones… Le Terry se retrouve plié en deux. Et les gentils membres témoins pliés de rire.

Kung-fu 2, s'emporte un tabloïd.

Eric le maniaque, renchérit un concurrent.

Te voilà de nouveau disputant la une et les gros titres aux dernières frasques de Charles et de Diana, ou à l'ultime démission d'un énième ministre moraliste et adultérin du gouvernement Major !

Evidemment, la gendarmerie montre le bout du képi. Elle saisit le film de l'intrus et te le remet en main propre… D'où la mine déconfite de l'honorable Terry, frère de Kevin, l'inspecteur de cinéma privé de preuve, sinon de mobile.

Humiliation suprême pour l'arrière-garde médiatique débarquée de Londres en renfort, les pandores de plages décrètent l'armistice et te rendent justice.

A la gendarmerie de Saint-François, un porte-parole, tout sourire, renvoie les Londoniens aux cours de rattrapage de l'Académie des paparazzi et autres *voleurs d'images :*

La Guadeloupe, c'est la France. La loi française interdit toute irruption dans l'intimité de la vie privée (article 9 du Code pénal). M. Cantona a répété plusieurs fois à ce journaliste anglais qu'il ne voulait pas être filmé. Il réside dans un club privé (le Club Med), *se repose sur une plage privée, et souhaite qu'on le laisse tranquille. C'est la raison pour laquelle nous avons saisi ce film indiscret, et l'avons remis à M. Cantona. Pour nous, l'incident est clos.*

Il n'est pas clos pour la glapissante cargaison des suppôts de Fleet Street. Pour elle, l'infortuné Terry Lloyd, quarante-deux ans donc, marié avec une *pretty* Lyn, père modèle de deux enfants de treize ans et trois ans, *vétéran-des-guerres-et-des-révoltes-civiles-autour-*

du-monde, prend la pose sur fond de palmiers et se tient les côtes. GO et GM eux aussi. Mais de rire.

En attendant, dans la foule surexcitée des reporters massés sur la route du tribunal de Croydon, en ce 23 mars, on ne reconnaît pas le front dégarni, la houppette et les mèches savamment tirées vers l'arrière, de la *victime* présumée de *Kung-fu 2.* Affronter Cantona une deuxième fois, et les yeux dans les yeux, n'était probablement pas au programme de ce *vétéran* de la guérilla urbaine.

Sa présence n'aurait pas surpris, remarque ! Pas plus que celle d'une escouade vociférante des militants de *Combat 18.*

Ceux-là ne t'aiment pas, forcément... Britanniques intégristes jusqu'au dernier poil roux, ils se sont fait une spécialité de la chasse au *Paki,* au *Frenchie* et au *Paddy.*

Le *Paki*, on l'a déjà vu, c'est le Pakistanais débarqué vers le Camp des Saints dans les décombres de l'Empire.

Le *Frenchie*, c'est toi et, accessoirement, la tête de pipe quotidienne des douze millions de lecteurs du *Sun.*

Quant au *Paddy* (diminutif de Patrick), à part le *Frenchie,* c'est l'ennemi héréditaire passé à la moulinette de la guerre de religion. Un Irlandais doublé d'un papiste.

Justement, tiens, pendant tes vacances antillaises troublées par le parachutage du *vétéran* Terry Lloyd, l'équipe d'Angleterre joua à Dublin.

Un match *amical.*

Amical...

L'histoire ne dit pas si Matthew Simmons, champion de sa rue à Crystal Palace, était dans les tribunes de Lansdowne Road, mais les militants de *Combat 18* avaient pris le charter. Depuis longtemps déjà, la sélection d'Angleterre est devenue *l'équipe de Londres.* La propriété des Londoniens. Quand elle ne se produit pas à l'extérieur, elle joue à Wembley et il est évidemment enfantin pour un supporter de Chelsea, de West Ham, d'Arsenal ou de... Crystal Palace, de prendre le métro pour déboucher à la porte du stade. Manchester et Liverpool sont si loin !

J'ai partagé, autrefois, une expédition lointaine (en Italie) autour de la sélection emmenée alors par Keegan.

C'était à Turin, lors du championnat d'Europe 1980.

Le camping de la ville s'appelait Lido Whisky, au nom prédestiné.

Deux cents Anglais dépenaillés, l'œil vitreux, y avaient planté leurs tentes. Le jour, ils se prélassaient dans l'herbe jaunie, mélangeant vinasse et bière chaude sous le cagnard. La nuit, les *teppisti* (voyous) turinois venaient les débusquer à partir d'une passerelle métallique. On leur jetait des bouteilles vides (en verre), des boîtes de conserve, des pétards incendiaires.

Echarpe nouée au poignet, le torse cuit par le soleil, l'Union Jack au ceinturon et la casquette canaille, ils campaient par clans. Ceux de Chelsea disputaient la place à ceux d'Arsenal. Les *Scousers* (Liverpool), *qui marchaient toujours sur l'eau* malgré Keegan, étaient minoritaires. Ils ne faisaient pas la loi. Tous se retrouvaient unis pour affronter les carabiniers ou les teppisti, reconnaissables au front ceint d'un bandeau tricolore et au gilet de cuir noir sans manche collé à la peau.

Le consul britannique, Anthony Baker, descendu spécialement de Gênes, s'était transformé lui-même en distributeur bénévole de tracts appelant à *la paix des braves.*

Le maire de la ville, Diego Novelli, avait fait diffuser cent dix mille appels au calme.

Rien n'y fit.

On se battait jour et nuit. On oubliait Keegan et Bettega, stars et rivaux d'un match à enjeu.

C'était comme la répétition, à blanc, du Heysel.

Enfin, quand hooligans et teppisti ne se défiaient pas, c'est entre eux que les Anglais se cherchaient noise, transformant le Lido Whisky en camp retranché.

Quinze ans plus tard, cette Cour des miracles débarque donc à Dublin. Parmi les fans exubérants et bariolés se cachent des provos. Ceux de *Combat 18*, par exemple.

L'Irlande ouvre le score.

On joue la 27e minute.

C'est la minute où tout explose. Ici, quarante-cinq mille Irlandais aux anges, là quelques centaines d'Anglais diabolisés, accrochés à leurs vieux slogans anti-IRA et à de plus neufs contre les accords de paix avec l'Ulster. Ils occupent la tribune supérieure. Comme ceux de Leeds, naguère, au Parc des Princes, ils arrachent les sièges, en font des missiles et mitraillent la foule. On relève des blessés par dizaines, des enfants notamment. Des Irlandais, des *Paddy* que Jonathan Swift, l'auteur chéri des bons parents anglais depuis *Le Voyage de Gulliver*, proposait jadis de débiter en viande de boucherie…

Pour un hooligan anglais, la peau d'un *Paddy* n'a pas plus d'importance que celle d'un Boer, hier, dans la vraie bataille du *Kop,* ou le turban défait d'un *Paki.*

Bref, Dublin est en feu. Et en sang.

Toi, tu es loin de tout cela.

Tu es aux Antilles, les pieds dans l'eau, et tu fais des châteaux de sable avec Raphaël.

Peut-être aperçois-tu, à la sauvette, quelques images télé diffusées par satellite.

Le lendemain, pourtant, le *Sun* et ses acolytes ne reculent pas devant le procès en sorcellerie. On prend prétexte de *ton mauvais exemple* à Crystal Palace pour évoquer Dublin et la guérilla de tribune. La contagion du mauvais exemple... On fait même appel à l'éternel alibi professoral pour mieux te charger. Ainsi John Benyon, prof à l'université de Leicester, prêche-t-il avec toute l'autorité de sa maîtrise : *Il y a un lien entre les incidents de Dublin et le cas Cantona (...) Celui-ci n'a toujours pas été inculpé et a pu partir à l'étranger sans être inquiété par la police (...).*

Question : Mr. Des Kelly, celui qui *de-toute-sa-carrière-n'avait-jamais-vu-un-tel-acte-de-folie* (ta parade contre Matthew Simmons), était-il à Turin en 1980 et, si oui, a-t-il visité le camping du Lido Whisky ? Etait-il à Dublin l'autre soir et, si oui, a-t-il vu et entendu quelque chose à Lansdowne Road ?

Des jugements comme ceux du *Sun,* et les commentaires de Kelly, de ses pairs, ou de professeurs parachutés, ne peuvent pas ne pas avoir altéré gravement ton image.

Je m'interroge sur Eric Cantona, et s'il ne se demande pas parfois dans quel pays il est tombé, déplore Pat Crerand, ex-Celtic, ex-Manchester United et, comme tu sais, ton témoin à décharge dans l'affaire de Crystal Palace. *A tout le monde je demande de boycotter le* Sun.

Mrs. Jean Pearch, juge amateur du tribunal de Croydon et reine d'un jour, donc grâce à toi, n'a pas une tête à lire le *Sun.* Ouf !...

Mais elle ne peut pas l'ignorer non plus car ses manchettes xénophobes, et notamment antifrançaises, fleurissent à la devanture des kiosques et traînent chez toutes les concierges à chignon et longs pieds.

Non, son genre à elle, c'est plutôt le *Times*, le *Daily Telegraph* ou le vénérable *Guardian*, qu'elle dévore en rêvant de prendre le *five o'clock tea* au Mayfair.

On espère pour toi qu'elle a lu, dans le *Guardian,* le seul article vraiment favorable à ta cause :

Le geste de vendetta de Cantona est condamnable, mais on peut le comprendre. Il n'y a pas plus hypocrite qu'un Anglais hypocrite. Si la moitié de l'indignation suscitée par l'agression dont Cantona s'est rendu coupable avait été consacrée à combattre le langage ordurier de nos tribunes, l'incident de Crystal Palace n'aurait jamais eu lieu.

Oui, Mrs. Jean Pearch a une tête à lire le *Guardian.*

Son visage est d'un ovale rugbystique, que la raie d'une coupe de cheveux stricte tranche au milieu du crâne. Elle a des yeux noirs, rieurs, soulignés de pattes-d'oie charmantes et de rides expressives. Elle a un gentil sourire. Elle aurait pu être une Petula Clark de soap opera, la blondeur sucrée en moins.

Mais sa musique à elle, c'est la grande musique.

Mrs. Jean Pearch est une figure respectée à Croydon. Elle vit dans une maison proprette, bien à son image. Pianiste et organiste accomplie, elle enseigna au Collège Homerton de Cambridge, puis à l'école catholique Margaret Roper à Purley, de 1982 à 1993.

Grâce à elle, la chorale a pu se produire, en apothéose, au Festival Royal.

Mrs. Pearch se décrit elle-même comme partisan d'une justice honnête mais ferme. Depuis vingt ans, elle officie comme magistrat amateur. Elle n'a jamais vu un ballon de football de près. Et c'est pourquoi on l'a choisie.

Tu as confiance, donc.

Tu as d'autant plus confiance que des dizaines de supporters de Manchester United ont pris ton pas. Certains portent des tee-shirts : *Cantona n'est pas un criminel.* D'autres ont retourné le slogan de Nike à l'encontre de Matthew Simmons : *1975 fut la pire année pour l'Angleterre : Simmons est né.*

Toi, tu oses te présenter sans cravate devant les juges de Sa Gracieuse Majesté. *Comme pour sortir la nuit*, s'offusque Paul Harris, du *Daily Mail,* qui brosse la revue de détail : *veste bleu-mauve, tee-shirt et pantalon noir. Il porte des santiags effilées plus connues, ici, sous le nom de Chelsea boots.* Ce qui, pour Harris, veut tout dire.

Derrière ses lunettes à monture dorée, Mrs. Jean Pearch fronce le sourcil.

Elle fixe l'installation vidéo, dans l'attente du reportage de l'incident, mais Mr. Jeffery McCann, le procureur, jugeant que les images sont gravées à jamais dans les mémoires, passe directement à l'audition publique des insanités débitées par Simmons.

Les voici, décryptées à l'anglaise, avec des points de suspension à la place des invectives :

You're a .... animal Cantona,
You .... French bastard,
You don't deserve to be footballer,
.... off back to France, you ....

Remplace les points de suspension par *putain, bâtard* et *fils de pute*, et tu as, là, le résumé de la pensée globale de Simmons, le hooligan au front bas.

Celui-ci joue l'outragé, à son tour, plaide non coupable par écrit et prétend, par la voix de Mr. McCann donc, être *resté dans ses droits de spectateur*, comme dirait Mr. Des Kelly...

Version des slogans, revue et corrigée par Matthew Simmons : *Off, off, off ! Go and have an early shower, Cantona !*... Dehors, dehors, dehors ! Va-t'en et prends ta douche avant l'heure, Cantona ! Inoffensif, mon cher Watson.

Version largement aseptisée qui sonne juste dans l'oreille... complaisante de Mrs. Jean Pearch.

Tu as beau exprimer tes regrets, présenter des excuses, et ton avocat t'embarquer dans une plaidoirie digne d'un sexologue (il parle de *sexual abuse,* d'un viol intériorisé et qui resurgit à l'évocation de ta mère — *Enculée de ta mère française)*, Mrs. Jean Pearch garde ses lunettes à monture dorée rivées sur le nez.

D'une voix neutre, elle lit la sentence : *Les faits qui vous sont reprochés sont graves (...) Vous êtes une personnalité importante, vous possédez un talent indéniable, vous êtes un personnage public. Vous êtes regardé par la jeunesse comme un exemple. Pour toutes ces raisons, nous vous condamnons à...*

... Quinze jours de prison ferme !

Pour l'exemple.

Sur le coup, tu pâlis, évidemment. Puis deux *bobbies* t'encadrent pour t'accompagner au ballon. Tu y passes trois heures, tandis que tes avocats bataillent pour te faire libérer sous caution. Elle ne te coûtera que cinq cents livres (quatre mille francs), et l'appel sera examiné le 31 mars.

D'une plume gourmande, le *Daily Mail* note que l'on t'a préparé un menu rapide, dans ta cellule, avec saucisses et oignons. Tu repousses évidemment l'aumône du lunch.

Certes, tu n'es pas le premier joueur de foot condamné à la prison :

George Best, onze ans avant toi, l'ancienne gloire de Manchester United et d'Irlande du Nord, a payé au prix fort ses excès de boisson : trois mois fermes.

Peter Storey (Arsenal) : vingt-huit jours, pour trafic de vidéos pornographiques.

Tony Adams (Arsenal) : quatre mois, pour ivresse au volant.

Dennis Wise (Chelsea) : trois mois, pour avoir attaqué un chauffeur de taxi.

D'autres encore, moins connus.

Reste que ta condamnation surprend. Tu es le premier à subir un tel affront pour un incident de terrain, et non pas pour une altercation de fait divers. Elle surprend, même en Angleterre.

Le *Guardian,* qui sied si bien à Mrs. Jean Pearch, prend le magistrat amateur de Croydon à contre-pied : *Elle a raté une magnifique occasion de démontrer les bienfaits de ces peines au service de la communauté.* Le quotidien conservateur relève que *moins de quatre pour cent des personnes jugées avec le même chef d'inculpation que Cantona ont été emprisonnées en 1993.*

Le prix de la gloire, tranche le *Daily Express.*

Un penalty trop loin, résume *Today.* Pour une fois, *Today* fait mouche.

11

SEXY GIRL ET HAPPY END

Certaines lois, philosophait Francis Bacon, *sont comme des toiles d'araignée, les petites mouches s'y prennent, les grosses passent au travers.*

Cette maxime tombe opportunément sous la plume de Daniel Depland, Londonien de longue villégiature — trente ans ! — auteur, entre autres, du *Fossoyeur,* roman noir, et de *La Bête écarlate,* roman flamboyant.

Dans *Trafalgar,* Depland souffle allègrement sur le vent de folie qui *décoiffe nos amis British :* éducation, sexe, santé, culture, politique, religion... tout y passe. Sauf, curieusement, le sport, et le *fair-play* dont on sait par expérience qu'il est un label anglais, créé exclusivement par les Anglais, pour les Anglais... Et vice versa.

Rayon justice, il nous livre l'anecdote savoureuse d'une grosse mouche passée lourdement à travers la toile d'araignée des magistrats de la Couronne.

Roger Levitt, arrêté pour une faillite frauduleuse de trente-quatre millions de livres (environ trois cents millions de francs), *laisse dix-huit mille petits épargnants sur le carreau. Il est condamné. A combien ? Trois, cinq, dix ans de prison ? Non, à cent quatre-vingts heures de travail dans le service public.*

En cette *annus horribilis,* l'année horrible pour toi, le lecteur du *Sun* lui-même, dépassant sa *Cantomania froggie* névrotique — *frog, froggie* (grenouille) étant, on l'a vu, l'injure courante pour traiter le Français —, aura cherché et trouvé l'erreur. Oui, même lui :

Quinze jours de prison pour Cantona...

... Cent quatre-vingts heures de travail d'intérêt général pour Levitt !

Deux poids, deux démesures.

Tant pis, le lecteur du *Sun* se vengera, plus tard, en mêlant sa voix à la *Bombomania froggie* dans la cacophonie protestataire venue d'Auckland et de Sydney à l'annonce de la reprise des huit derniers essais nucléaires français, et relayée par la voix angéliquement subversive de Mgr Gaillot, l'évêque en rupture de mitre.

En attendant, au lendemain du procès de Croydon, ceux du *People* en apprennent de belles sur ton compte. En cent quarante pages, l'hebdomadaire à tapage du groupe *Mirror* répond à toutes les préoccupations de la ménagère du dimanche et de son compagnon d'oisiveté en ce jour où, service religieux oblige, les pubs font relâche. Les temps changent… Depuis le 6 août dernier, divine révolution pour le pilier de comptoir moyen, les pubs ont reçu l'autorisation d'ouvrir de midi à 22 h 30.

Le jour du Seigneur, donc, l'Anglais ne buvait pas et s'ennuyait. Il lisait, et pas toujours le *Sunday Times,* hélas ! Shopping, Super Bingo, Jackpot, tourisme, cinéma, météo, jardinage sont au menu du plus grand nombre des pages de ce *People*. Banal.

Plus pimenté, un certain Dr Vernan Coleman exploite son courrier du cœur et du sexe en rappelant, à côté d'un miniroman-photo érotique, le numéro de sa boîte postale, afin de faire le plein des fantasmes du lendemain.

Plus délurée encore est la page de petites annonces imagées, où des Lolita en guêpière et porte-jarretelles vantent des gammes de *sex-toys* et de lingerie coquine appelée ici, bien sûr, *sexy french.*

Naturellement, la rubrique des sports (environ quinze pages) ne t'épargne pas. Tu y apparais deux fois. D'abord, pour souligner la confiance renouvelée de ton sponsor Nike : *cinq cent mille livres* (quatre millions de francs), précise l'articulet, histoire d'agiter le chiffon rouge au nez des smicards du cru. Ensuite, pour mettre au pilori un CD enregistré dans un pub *live* — c'est-à-dire après quelques bières — par une clique improvisée de piliers de bar et de Stretford End. La pochette montre ta silhouette de dos, en maillot rouge frappé du nom *Cantona* et de ton fameux numéro 7.

Après le rituel concert d'injures contre Liverpool, Leeds et les faux frères de Manchester City, après le rappel, version hard, du célèbre *Ooh ! Aah ! Cantona,* voici, comme on disait à l'époque de Woodstock, de Bob Dylan et de Joan Baez, la minute de la *protest song*, la chanson engagée qui fustige le jugement de l'honorable Mrs. Jean Pearch au regard d'acier sous la lunette cerclée d'or.

Vous pouvez maintenant recréer l'atmosphère et la furie de Stretford End dans votre salon, s'extasie le producteur Jim Phelan. Face au refus de vente de Danny McGregor, l'un des directeurs commerciaux de Manchester United, il se récrie : *Si vous pensez que ces chansons sont méchantes, vous devriez écouter celles que j'ai virées !*

Peut-être Mme le Juge les avait-elle dans l'oreille à l'heure du verdict, certains promoteurs de ces chants à rudes messages ayant improvisé un chœur amateur sur les marches du tribunal de Croydon.

Fort heureusement, Mme le Juge avait échappé au pire.

Le pire, c'était la première page du *People.* Du quatre colonnes à la une sous le titre racoleur : *Cantona's sexy calls to teenage girl...* Un élève de sixième traduirait aussitôt : *Les appels sexy de Cantona à une jeune fille* (*teenage*, de *teen,* allant de onze à dix-neuf ans, ce que n'importe quel rocker débutant apprend dès son premier Elvis).

De fait, Gina (elle s'appelle Gina) est jeune. Et *teen.* Elle affiche dix-huit ans au compteur. De plus, elle est la petite amie de Phil Babb, de Liverpool, l'un des joueurs qui, le premier, arguant d'un de tes tacles appuyés la saison précédente, réclame haut et fort ton départ d'Angleterre.

Gina n'en est pas moins, assure le *People,* une fan de Manchester United. Elle appartient à un Sexy Girl Pop Group, un groupe de pop sexy. Pour le photographe Joe Bangay, elle prend des poses cambrées en robe de satin moulante que ne désavouerait pas un magazine à la *Playboy*, spécialiste de la chute de reins sur papier glacé.

Bref, alors que tu t'apprêtais à rendre des comptes au conseil de discipline de la fédération anglaise, ton chemin croisa le sien au Brown's Club de Londres. Son œil bleu tomba dans ta coupe de champagne, et ses copines, Lindsay la blonde, Amelia la brune, éminentes figures de pulpe et de proue du Sexy Girl Pop Group, se retrouvèrent autour de toi, de tes conseils et de vos bulles. Comme par enchantement.

Gina confirme leur état de pâmoison : *Nous avons passé deux heures à parler de tout, du football à la philosophie, et il se comporta comme un gentleman.*

Gentleman donc, tu réglas l'addition, que les Sexy Girl Pop Group et les deux heures d'horloge avaient gonflée.

Lindsay décrit la suite : *Nous nous levâmes, il nous embrassa toutes les trois, et Gina lui laissa notre numéro de téléphone.*

Oui, c'est Lindsay qui le dit : Gina te laissa leur numéro de téléphone.

Dès lors, il n'en faut pas plus à Gina, la chanteuse, pour te faire chanter à la une du *People.*

Le jour de son procès, jure-t-elle, *il m'a demandé de sortir en boîte de nuit et de rentrer à son hôtel.*

Le *People* en rajoute : *Shamed soccer star bombarded teenage singer with sexy calls.* La scandaleuse vedette du football a bombardé une jeune chanteuse d'appels sexy.

Pauvre sexy girl du Sexy Girl Pop Group, victime d'un prétendu harcèlement sexuel...

Michael Crichton, auteur à succès d'un thriller littéraire international du genre, aurait aimé cette déclaration de la belle Gina : *Il m'a priée de l'accompagner en avion à Paris. Ce qu'il voulait était évident.*

Bref, le *People* joue les confidents de moralité — en exclusivité, précise-t-il —, y va de son petit couplet sur les tentations supposées de l'homme marié de vingt-huit ans, père d'un petit Raphaël de sept ans et dont Isabelle, sa femme, attend un deuxième enfant.

On apprend, *allegro telephono*, que tu aurais appelé seize fois — rien que ça — la roucouleuse aux yeux bleus et robe mauve. Et que tu le fis de la chambre 205 de l'hôtel Croydon Park.

Manque de chance pour le *People,* Gina et le Sexy Girl Pop Group, s'il est vrai que tu étais bien à l'hôtel Croydon Park, tu n'étais pas à la chambre 205... Le *People* aurait pu le vérifier auprès de la réception. Ou de ton avocat.

Une chance en tout cas que Mrs. Jean Pearch, déjà troublée par ton *couac* et le solo impromptu de kung-fu à Crystal Palace, ait échappé à la mauvaise pièce de boulevard jouée par Gina.

L'affaire fit long feu. Même le *Sun* ne déterra pas le calumet provisoire, preuve qu'il n'y avait pas de fumée... Kevin MacKenzie, son rédacteur en chef, se vante de vérifier ses informations à *cent un pour cent.* Il s'est fait une spécialité de traquer ministres et secrétaires d'Etat *pants down* (pantalons à la hauteur des chevilles) et son tableau de chasse est digne de celles de Rambouillet, un jour de *G7.*

Cantona *pants down* aurait été un bon gibier pour lui. Mais Gina n'était pas un bon leurre, et MacKenzie fit ceinture.

Une chance aussi que notre juge amateur, plus collet monté que *collé-serré* (danse torride des Caraïbes), n'ait pas interprété le brûlot comme une répétition du syndrome à venir de Hugh Grant. Que de bruit, de rage, de fureur, de délation, nom d'une pipe ! pour une déviation d'impasse. Voilà le beau Hugh, acteur adulé de *Quatre Mariages et un enterrement*, compagnon modèle d'Elizabeth Hurley (je la préfère photographiée par Bettina Rheims, façon chambre close, qu'asexuée par et pour Estée Lauder), condamné à son propre *Sunset* (coucher de soleil) pour une liaison fatale de quatre minutes avec une chandelle de boulevard nommée... Divine !

Maléfique Divine qui, moyennant cent cinquante mille dollars (huit cent mille francs), a confié au *News of the World* de Londres, entre autres gâteries : « Si je devais mettre une note sur dix pour la taille et la qualité, je mettrais six. J'ai vu plus gros, j'ai vu plus petit, mais la sienne était *cute* (mignonne). »

Mais comment les Anglais ont-ils débusqué Divine ? Enfantin, mon cher Walson : en placardant sa photo sur Sunset Boulevard, sous l'accroche des chasseurs de prime, d'autrefois : « *Wanted Divine cent cinquante mille dollars* ».

Reste qu'avec son jugement *pour l'exemple* Mrs. Jean Pearch avait démontré avec éclat l'inégalité des justiciables devant la loi, et particulièrement la loi britannique.

Retournant son argument simpliste et singulier — *Vous êtes une personnalité publique, vous êtes regardé comme un modèle, donc j'en rajoute dans la sévérité du verdict,* etc. — la cour d'appel, mieux inspirée, ramena ta peine à cent vingt heures de travaux d'intérêt général.

Tu n'étais plus qu'à quarante heures, morne peine, de Roger Levitt, l'homme de la faillite frauduleuse aux dix-huit mille petits épargnants laissés sur le carreau.

Ici, un arrêt sur image s'impose.

Contrairement au premier jugement, tu portes cette fois une veste grise d'Armani, une vraie cravate et un col (presque) anglais. Smart. Des supporters de Manchester chantent *La Marseillaise* sur ton passage.

Un enfant de treize ans parvient à t'approcher. Sebastien Pennels vient de Sevenoak, dans le Kent. Il porte, lui, un maillot blanc et rouge façon Ajax Amsterdam, sur lequel se détache un nom, *God.* Dieu. C'est-à-dire toi. Et un numéro, 7. C'est-à-dire le tien. Il a griffonné un poème. Il te le tend. Tu lis : *Eric is an idol. Eric is a star.* (Eric est une idole, Eric est une étoile.) *And if my mother had her way* (Et si ma mère avait été sur son chemin) *He'd also be my pa* (Il serait aussi mon père).

Gonflé, Sebastien ! L'histoire ne dit pas si papa Pennels, de Sevenoak, dans le Kent, a trouvé la tirade à son goût. Toi, en tout cas, dès la conférence de presse improvisée, tu nous en sers une de ton cru 95 (un bon cru), et qui fera le tour du monde.

When the seagulls follow the trawler, it is because they think sardines will be thrown into the sea. Quand les mouettes suivent le chalutier, c'est qu'elles pensent qu'on va leur jeter des sardines.

Version marine du *Cantona passe, les chiens de presse aboient.*

François Mitterrand, alors président, n'avait pas dit pis lors des obsèques de son ancien Premier ministre, Pierre Bérégovoy, à Nevers. *Cave canem,* attention au chien ! s'était exclamé Jean Montaldo, se fendant aussitôt d'une de ses *Lettres ouvertes* à succès, *Au nom de la liberté d'aboyer.*

Aussitôt, à part la mouette à queue fourchue des Galapagos, toutes celles qui nichent sur nos côtes se transformèrent en fous de Bassan et plongèrent à vitesse vertigineuse sur ton bec.

Tu n'avais prononcé qu'une seule phrase. Tu l'avais même écrite, mot à mot, pour ne pas en perdre le sel. Mais c'était encore trop, en ce 1er avril, pour les mouettes d'écriture.

Pierre Georges, mouette rieuse du *Monde,* a dressé un rapide inventaire de l'étude sémantique et philosophique de ton propos.

Devant cette pensée insondable, l'Independent *finit par lancer ce jugement lapidaire et rigolard : « C'était profond. » Tandis que le*

Times, *qui a toujours un philosophe pince-sans-rire sous la main, lui fit dire : « C'est du petit Tchekhov. » Homère traita du sport comme de la chose la plus importante après la guerre. Mais je ne pense pas qu'il jouait dans la même division.*

Le *Daily Telegraph* inventa un long et hilarant dialogue entre Socrate et Cantona, sur les choses de la vie et du football, qui s'achève sur un somptueux *Tu l'as dit, Socrate.*

Enfin, ton poisson d'avril inspira Christian Montaignac, dans *L'Equipe,* façon Blondin : *Les grandes douleurs sont mouettes.*

On ferma le ban(c) en pensant que les mouettes de presse avaient trouvé sardine à leur mesure.

Tu quittas Croydon sous les acclamations des (nombreux) supporters de Manchester United chantant en cadence *The king is free, long live the king* (Le roi est libre, longue vie au roi), tandis qu'une poignée d'irréductibles de Crystal Palace surgirent devant toi pour t'insulter. En toute impunité.

Tu avais néanmoins gagné une bataille. La bataille du tribunal. En appel.

Tu allais presque perdre la guerre... La guerre des tribus et des tribunes. Ce *West Side Story* permanent dont tu es le danseur étoile.

Passons sur la *défaite de la maison,* comme la qualifie si aimablement le *Daily Mirror,* cinq jours seulement après la chasse aux mouettes de Croydon.

Sous le titre *Transfert libre,* le quotidien te montre en photos *volées* en train de déménager ta maison.

Explication : Manchester United n'avait pas acheté, comme prévu, le modeste pavillon de briques que tu occupais à Worsley et dont le propriétaire, alors résidant en Espagne, demandait sept cent mille francs.

En outre, on parlait de plus en plus, vu l'ambiance, de ton transfert *probable.* Le 27 mars, déjà, quatre jours avant l'appel, l'Inter de Milan avait ouvert les négociations par fax. Base de discussion : cinq millions de livres ! (quarante millions de francs).

Casquette de base-ball avec visière vissée à l'arrière, jean largement troué et parka de trappeur bleu et rouge, tu fis la joie des *voleurs d'images* planqués dans la luzerne. Patiemment, armés de leur zoom, ils te suivirent pas à pas jusqu'à ce que tu montes, enfin, dans ta Honda, et qu'Isabelle, derrière toi, prenne le volant de la Vauxhall.

Ils vécurent tes deux aller-retour derrière la camionnette, décrivirent ton déménagement en détail, et le transmirent à un designer londonien rebaptisé *psy*, une certaine Jennie Wallet. Elle y alla, bien sûr, de son petit couplet dédaigneux : *Tous ses objets sont fonctionnels, sans personnalité et minimalistes.*

Episode comique.

Tragique, en revanche, est le samedi 8 avril. Neuf jours seulement après Croydon.

Ce jour-là, les hasards du tirage au sort, puis des matches à élimination, conduisent Manchester United et Crystal Palace à se retrouver pour la demi-finale de la Cup.

On joue à Birmingham. Terrain neutre.

De Manchester, en autobus rouges, les *Red Devils* descendent sur les Midlands. Beaucoup portent des tee-shirts artisanaux barrés de slogans vengeurs contre Matthew Simmons.

Le premier modèle reproduit la photo de ton geste de kung-fu.

Le deuxième est une paire de semelles, et l'on y lit : *J'ai rencontré les crampons de Cantona.*

Le troisième montre la bobine du hooligan et donne son adresse.

Le quatrième affiche à nouveau la bobine ahurie de Simmons, façon western : *Recherché pour haute trahison.*

Ils coûtent 3,99 livres pièce (trente francs), sont vendus dans la rue, à la criée. Les Red Devils se les arrachent… C'est le nouvel uniforme de *l'Armée rouge.*

De Londres, d'autres bus montent vers Villa Park.

Jamais les supporters d'équipes rivales n'empruntent les mêmes routes. Le football anglais se joue sur fond de cartes d'état-major, de déplacements de policiers, de déviations de convois, de police montée…

Ce jour-là, hasard tragique donc, deux bus rivaux s'arrêtent devant le *New Fullbrook,* un vaste pub, tristement banal, avec son toit pointu et ses inévitables briques ocre.

Au début, tout va anormalement bien. Ceux de Manchester et ceux de Crystal Palace avalent leur *fish and chips* et se barbouillent de mousse.

Il est 14 h 45. Le pub ferme dans un quart d'heure, et le match débute dans une heure à Villa Park…

On se rue vers la sortie.

Qui commence ? La police des Midlands sera bien en peine de le dire. Une seule certitude, les vieux cris tribaux, les cris de guerre bel et bien répertoriés par Desmond Morris presque vingt ans plus tôt, jaillissent de toutes les poitrines.

Dans toutes les bagarres de hooligans, le grand jeu consiste à attaquer les bus adverses, à empêcher la bande rivale de les atteindre. Rite inconnu, j'imagine, de Mr. Des Kelly.

You'll never make the coaches.
You'll never make the coaches (bis).
Vous n'arriverez pas à vos bus.

On hurle :

It's time for you to run.
It's time for you to run (bis).
Il est temps pour vous de fuir.

On s'excite :

You're going home by ambulance.
You're going home by ambulance (bis).
Vous rentrerez en ambulance.

Ou encore, plus expéditif :

You're gonna get your fucking heads kicked in !
On va vous frapper votre foutue tête.
Hit him at the head ! hit him at the head ! hit him at the head with a baseball bat !

Frappez-le à la tête, frappez-le à la tête, à coups de batte de base-ball !

Shoot the bastards ! Shoot the bastards !
Tuez les bâtards ! Tuez les bâtards !

Les sujets dévoyés de Sa Majesté s'entretuent gaiement :

You will die ! You will die !
Vous allez mourir ! Vous allez mourir !

Etc.

Paul Dixon a-t-il répliqué quand le chœur des Rouges a crié : *Eric est rouge ! Eric est blanc ! Eric est sauvage ! Il a botté un enfoiré de cockney* (Londonien) *et il a bien fait ! Ooh ! Aah ! Cantona !*

Paul Dixon, un Sudiste mais de Londres, n'est pas mort sous les briques. Non. Il est, dixit la police des West Midlands, *tombé sous les roues de l'autocar de son groupe, et le bus lui a roulé dessus.*

Il avait trente-cinq ans et quatre enfants. Il vivotait sans travailler et, comme on dit discrètement, était *connu des services de police.*

Il est mort dans les bras de Neil Golden, un brave gars de Manchester qui fut agressé en appelant l'ambulance… Ceux de Palace avaient reconnu son accent.

On te fit, évidemment, porter le chapeau.

Le *Daily Mirror* se distingua dans le roulement de tambour qui précède l'exécution capitale : *Des gens ne doivent pas se tuer au nom d'Eric Cantona.*

Seul Bobby Charlton, le sage, tenta de désamorcer les nouvelles bombes à retardement jetées sous tes pieds : *Ce qui se passe est injuste. Le nom d'Eric est mêlé abusivement à une affaire de police.*

… Conclusion du *Mirror : La haine entre fans conduira Eric dehors !*

Out !

This is the end. C'est la fin, titre même — en anglais — *France-Football.*

12

CANTONA BLUES BROTHERS

Alors la France te tend les bras.

Toi, le maudit, le paria, l'insoumis, toi l'Anglais d'adoption rejeté par la City, tu nous reviens tel qu'en toi-même. *Frenchie.*

En liberté. Ou plutôt en libertaire.

En égalité...

... Impossible, en revanche, de te coller ce vœu pieux sur le maillot. Bruno Gaccio, l'inventeur de ta marionnette aux *Guignols* sur Canal Plus, a beau rêver dans *Guadalajara*, le magazine de *l'autre football,* d'un sport sans public, *car celui-ci oblige à organiser des compétitions, à gagner, sans ça on jouerait tous au ballon,* le joueur de foot, le pro, le Canto, est le contraire d'un amuseur de cour d'école. En ce sens, tu n'es pas *politiquement correct,* au risque de déplaire à tous les cerveaux éclairés qui prônent une société nivelée où il n'y aurait plus ni stars, ni vainqueurs, ni héros, ni champions, ni sélection, ni leaders, ni maillot jaune, ni lauriers, ni couronne, ni roi, ni reine, ni patron (bien sûr)… et plus jamais, au grand jamais, pour tuer la tentation dans l'œuf, de concours du plus beau bébé…

Gagner — fais passer le mot, Eric — est devenu *politiquement incorrect,* parfaitement vulgaire et discriminatoire. Toi, le *winner* et le rebelle, tu es un double danger public. Mrs. Jean Pearch était sûrement contaminée par la pensée de ces penseurs.

En fraternité…

Sur ce point, ta démonstration est éloquente et tu rallies tous les suffrages.

Deux exemples montrent que tu es un bon frère.

Il y a d'abord la publicité pour Bic. Un banco réussi pour ton image.

Elle tombe au lendemain de l'affaire de Crystal Palace. Elle tombe… à Bic !

Il y a dix ans, l'apparition du brave Poulidor dans un spot TV, combinée à une offre *douze pour le prix de dix,* avait provoqué un bond dans les ventes du fameux rasoir jetable. *Plus de cinquante pour cent,* nous révèle *CB News*, le magazine du marketing et de la pub.

Il y a trois ans, la marque avait fait mieux encore dans la salle de bains de Jean-Pierre Papin, malgré une mise en scène aussi fade que le mannequin d'occasion.

Cette fois, Damien Coisne, directeur du marketing, veut aller plus loin. Il rêve du succès des jetables en Grande-Bretagne et aux Etats-Unis.

Il est sur le point de lancer un nouveau modèle : le vert à deux lames.

Déjà, pour l'orange traditionnel, à une lame, un nom circule : celui d'Olivier de Kersauson. Il a une belle gueule de marin et de barde celtique. De plus, l'orange est la couleur de la sécurité à bord des bateaux.

C'est alors que, pour cet orange, Bic voit rouge : le maillot de Manchester, ton maillot. Eric est dans les têtes. On t'associera le vert. Aux créatifs d'Euro RSCG de trouver l'astuce.

Marie-Hélène Jamet, en charge de tes affaires au sein de l'agence, raconte :

Canto ? Mais savez-vous qu'il a un frère, me dit un collaborateur. Et qui joue au foot... Il vient de signer à Marseille....

(Après une certaine errance et quelques succès en Angleterre — à Stockport, près de...

Manchester — et en Hongrie, Joël Cantona, vingt-six ans, revenait sur son Vieux Port.)

... J'ai tout de suite cherché à savoir à qui il ressemblait. Puis nous avons attaqué les deux frères. Joël n'était pas le plus facile à convaincre. Nous avons adressé des films à Eric. Un jour, enfin, c'était en septembre 1994, nous avons débarqué à Manchester. A quatre : quatre nanas. Nous avons invité Eric dans un restaurant espagnol, devant une paella. Tout de suite, Eric nous a arrêtées : « Si c'est pour tourner un film comme celui que vous m'avez adressé, c'est non. » Alors, Valérie Lemercier a pris la parole et la magie des Visiteurs *a opéré. Elle a décrit son scénario original avec une verve et des envolées d'actrice. Et Eric a dit oui.*

Restait à fixer les dates.

Un casse-tête, avec tous ces matches à répétition. Toi pour Manchester, Joël pour l'OM. Il y eut plusieurs reports. Le client commençait à s'impatienter.

Enfin, le 29 janvier arrangea tout le monde.

Quatre jours plus tôt : catastrophe ! La radio, la télé n'en ont que pour l'affaire de Crystal Palace. Tout paraît compromis. Heureusement, Bic fonce.

Le feu vert est donné pour cette première de la fraternité publicitaire.

Dans les studios d'Arpajon, Joël apparaît, hirsute. On le rase. Il joue aux cartes avec le coiffeur. Vous vous révélez comédiens dans l'âme, la production est aux anges. On vous soumet les rushes. Vous donnez chacun votre accord.

Le 3 février, à 14 h 40, c'est le coup d'envoi de la campagne : les deux frères, toi en tee-shirt orange, Joël, tee-shirt vert, débarquent plein écran dans ce dialogue du tac au tac :

— *Bonjour, je m'appelle Eric. Moi je joue au foot.*

— *Moi aussi je joue au foot !*

— *Moi, j'ai la peau sensible (*lire *sinsible,* avé l'assent*).*

— *Moi, j'ai la peau très sensible.*

— *Moi, je me rase avec le Bic une lame, l'orange (*lire *oringe,* l'assent toujours*).*

— *Et moi, avec le Bic deux lames, le vert.*

— *Et moi, je m'appelle Cantona.*

— *Moi aussi, je m'appelle Cantona !*

— *Et moi, je suis célèbre.*

— *Et moi, je vais le devenir !* (Packshot.)

— *On va pas se battre, entre frères !*

Le film dure trente secondes. Il est sur toutes les chaînes jusqu'au 30 avril (trois mois). Son budget : vingt millions de francs. Détail encore plus fraternel, tu partages à égalité ton cachet avec Joël.

Et tu fais un carton en presse écrite. Un carton de jeux de mots et d'esprit :

*Les frères Cantona sortent les rasoirs (*Le Parisien*). Un tempo poilant (*Le Figaro*). Bic s'offre la griffe Cantona (*Le Provençal*). Cantona rase plus près (*L'Yonne républicaine*). Pile poil (*L'Alsace, Le Dauphiné libéré*, et* CB News*). Cantona stays. Razor Sharp (*The Irish Times — *Sharp étant le sponsor de Manchester United). The Bic league (*The Sunday Times Singapour*). Canto frères et lames sœurs (*L'Equipe*). Comment faire d'une lame deux coups ? (*Le Nouvel Observateur*). Sur le fil du rasoir (*L'Humanité*)…*

RTL, Europe 1, France Infos, France Inter, l'AFP bien sûr, y vont de leur billet d'humeur et d'humour.

Aux *mouettes* de presse qui suivent ton sillage, tu donnes ton lot de sardines. Bonne pêche.

Chez toi, attention, un Cantona peut toujours en cacher un autre…

Le 15 avril, à 20 h 50 et sur France 2, la France découvre ébahie que, si tu ne joues plus en équipe nationale, chez les Bleus, puisque la triplette dirigeante de l'équipe de France — Simonet (président de la Fédération), Le Graët (président de la Ligue des clubs professionnels) et Jacquet (l'entraîneur) — n'a rien trouvé de mieux que d'anticiper sur les sanctions anglaises, tu as encore tout du bleu.

Tu t'es fait piéger à *Surprise sur prise.* Complice de Marcel Béliveau : ton propre frère. Pas Joël. Non, Jean-Marie, l'aîné. Le grand. Inconnu du public et soudain comédien révélé à son tour.

Tu t'es fait piéger. Mais comment y échapper ?

Pour la première fois, l'émission-gag était réalisée toutes caméras dehors. Evidemment, tu pensais participer au *Cercle de minuit* de Laure Adler, muse des arts et des lettres de nos nuits, égérie de tous les *Midnight Ramblers* chantés par les Stones que nous sommes, nous les chemineaux de minuit.

Tu te cales dans ton fauteuil, bercé par la guitare acoustique, la basse et les tam-tams de Geoffrey Oryema, qui pousse son *ye ye ye* africain pendant que se déroule le générique de l'émission : *Who killed Lagila ? / Who killed*

Lagila ? / Oyuru killed Lagila / Oyuru killed Lagila... L'histoire, en musique ougandaise, d'un brave, un guerrier, tué avec tous ses ornements et peintures de guerre. Lagila-Cantona, même combat !

Tu es bien...

En face de toi, il y a Ophélie Winter, blonde et nattée à croquer, et muse elle aussi, mais de Prince, bien avant son CD sucré *Sugar Baby.* Les promoteurs de cette déesse cathodique, née sous la double baguette magique d'un top model et d'une pop star, nous invitent déjà à regarder comment, sous le Feufeu (sa mère, mannequin néerlandaise, s'appelle Feufeu) perce une future Sharon Stone...

Tu es bien...

Ton frère, ton grand frère, t'a accompagné dans le sillage de la belle Ophélie et de Laure, l'éloquente Calliope qui endosse, à ton insu, la tunique de Thalie, muse de la Comédie...

Sa voix chaude t'attire dans les filets du leurre. Elle énonce, d'un ton faussement détaché mais subtilement enjôleur, le thème de son émission du soir :

Comment vivre dans l'ombre d'une star.

— *Avez-vous le sentiment d'avoir été traités pareil ?* attaque-t-elle.

Jean-Marie semble hésiter, il cherche ses mots, regarde ses pieds, se fend d'un long silence :

— *Non, quelque part Eric était le chouchou.*

Tu lui jettes un regard de feu. Tu es interloqué. Jean-Marie, ton frère, l'aîné, le grand !

Mais tu n'as encore rien vu. Rien entendu. Jean-Marie enchaîne :

— *Je me rappelle bien Eric gamin, quand il jouait… à la poupée. Notre père s'inquiétait. C'est pourquoi il l'a encouragé à faire du foot…*

Tu as l'air électrisé. Tu as la nuque raide et les yeux écarquillés. Jean-Marie te pousse à la défensive. L'ultra-défensive. Il te prend à contre-pied en confessant t'avoir trahi. Oui, trahi. Il a aidé un *paparazzo* à te piéger !

Trahi. Et par ton frère !

Tu roules des yeux à la Basile Boli. Comment Jean-Marie a-t-il pu vendre, oui, *vendre* (*dixit*), des renseignements sur toi à un voleur d'images ?

A Laure, qui feint la stupéfaction, tu coupes le micro et voles au secours de l'image… de Jean-Marie, avec ce gros mensonge fraternel :

— *C'est moi qui le lui avais demandé.*

Mais ton cher aîné, qui n'est pas à un carton jaune près, en rajoute étrangement contre toi. Le voici qui te force à pousser la chansonnette supposée de votre enfance, une bonne ritournelle des familles. Tu chantonnes, bien obligé, rongeant ton frein, mais n'en pensant pas moins, genre : *Tu vas voir ta gueule à la récré*, le refrain d'Alain Souchon. Ophélie, brave môme, rit gentiment sous ses nattes, mais n'est pas loin, pour t'aider, de jouer la choriste.

Enfin, et c'est le clou de la soirée, la révélation qui tue : un invité émerge de l'assistance et, dans un tapage de salle de vente, brandit sous la caméra une croûte, obscène de nullité, présentée abusivement comme une de tes œuvres. Signée Cantona.

Rien à voir, évidemment, avec ta peinture toute de liberté et d'expression anarchique, au style agressif, sombre, angoissé même et qualifié par toi de *psychanalytique.* Un style qui s'apparente, selon toi, à ce que peignait la génération des *Cobras* dans les années cinquante, et qui va de pair avec tes lectures : Freud, Groddeck, son disciple et dissident.

Tes tableaux, disais-tu dans le premier numéro d'*Interview* (devenu *Entrevue), ne sont pas faits pour être montrés ou exposés. Je peins pour moi seul.*

Alors, comment un inconnu pourrait-il prétendre avoir acheté une de tes œuvres ? Et à bon prix ! Et signée Cantona !

Voyou ! s'exclame le collectionneur indigné.

Jean-Marie regarde toujours ses pieds et, d'un ton de repentir :

— *C'est moi qui l'ai vendue...*

Vendue.

Vendue par ton frère !

Tu es en plein blues. Tu as le Cantona Blues Brothers. Le blues des frères Cantona. Tu es ravagé de tristesse. Mais, au-delà de la trahison qui te brûle la tête et te noue les tripes, tu trouves la force de voler une nouvelle fois au secours du « traître », dont tu ignores qu'il joue les traîtres de comédie sous la baguette de la muse Calliope donc, devenue Thalie.

Jean-Marie a été nourri au même lait que toi. Et, devant des millions de téléspectateurs, devant Laure et Ophélie, voici qu'il t'exécute en direct.

Tu es de bonne race. Bon sang ne saurait mentir, sauf pour la bonne cause... Tu préfères ton frère à ton cousin, ton cousin à ton voisin, ton voisin à celui de la rue d'à côté, Les Caillols à la Joliette, Marseille à Martigues, la Provence à la Bourgogne, Manchester à Leeds, Leeds à Sheffield…

Tu exploses !

— *Et alors, c'est signé Cantona ? Donc c'est un Cantona !*

Une nouvelle fois, tu sauves la tête de Jean-Marie, tandis que les caméras te font fête. La bonne tête enlunettée de Marcel Béliveau surgit sous les acclamations d'Ophélie, Laure et les autres…

C'était *Surprise sur prise.* Le meilleur gag de l'année. Et la meilleure preuve que, vingt minutes durant, *Canto the brat,* le pseudo-voyou, sait parfaitement se contrôler… Par amour pour son grand frère, certes, et tant qu'on n'injurie pas sa mère.

King Eric, roi du gag, malgré lui. Et prince du self-control.

18 avril. Lendemain de Pâques. Jour de ta Résurrection.

The enfant terrible of football, comme te surnomme gentiment le *Times,* célèbre son retour à Manchester.

Pas par la grande porte. Non.

Sur le terrain d'Elesmere Park, à quelques lieues d'Old Trafford.

C'est là que tu dois accomplir ta peine de cent vingt heures de travaux d'intérêt général.

On t'a confié, pendant un peu plus de soixante jours (*sunday is closed,* pas le dimanche), les pupilles du Salford, un quartier à problèmes. De futures fortes têtes.

Tu y débarques en *flight*, en blouson d'aviateur, casquette de toile, et deux bananes à la main, qui permettront au *Daily Mirror* de barrer sa page 9 du titre moqueur *Bananas !*

Sept cents gosses t'attendent. Et te font fête. Le coup d'envoi commence par l'inévitable séance d'autographes à faire se retourner la perruque poudrée des juges du tribunal de Croydon.

En présentant le programme, Liz Calderbank, directrice adjointe du Service d'application des peines, précise que tu échappes aux vingt heures de travaux manuels par lesquels commence, en principe, chaque session de probation.

Placer Eric Cantona à Salford n'est pas un cadeau. Le délit a été commis dans un environnement footballistique. Le programme lui permettra d'apporter quelque chose de positif à la communauté, pour le bénéfice des enfants locaux. C'est une peine exigeante en raison du nombre d'enfants impliqués : sept cents, c'est un chiffre énorme. M. Cantona devra y consacrer chacun de ses après-midi.

Sept cents gosses, soixante jours et cent vingt heures de peine plus tard, la presse salue ton nouvel exploit. Tu as fait un malheur auprès des enfants, même les plus durs, et c'est beaucoup pour eux que tu as repoussé l'offre mirobolante de l'Inter de Milan.

By jove, Eric. Ma parole, tu vas finir lord…

Prolongation

CARTON ROUGE

Sept mois de suspension ! Sept… Plus les quatre semaines où ton propre club, anticipant par diplomatie sur le jugement de Salomon des pénalistes de la Fédé, te priva de compétition, et cela au lendemain même de Crystal Palace.

Dans le livre des records, au chapitre *Carton rouge,* tu es maillot jaune.

Tu devances, dans l'ordre, un quinté de fortes têtes :

Bill McLaferty (sept mois et demi). Ce joueur de Stenhousemuir avait carrément snobé la commission de discipline, en 1993.

L'inévitable Vinnie Jones (six mois et cent quatre-vingt mille francs d'amende). Le molosse de Wimbledon, déjà photographié en train de tordre les parties de Paul Gascoigne

(Newcastle), avait produit une vidéo-cassette d'anti-jeu, véritable anthologie de la violence, en 1992.

Paul Davis (neuf matches). L'équipier d'Arsenal avait fracturé la pommette d'un adversaire, en 1988.

Steve Walsh (neuf matches). Même tarif, même punition pour l'attaquant de Leicester, accusé d'indiscipline.

Franck Sinclair (neuf matches également). Le joueur de Chelsea (rien à voir avec Anne) avait donné un coup de tête à un arbitre.

Plus le grand outsider de saison :

Duncan Ferguson (douze matches). L'avant-centre s'était rendu coupable, en 1994, avec les Glasgow Rangers, d'un *attentat* sur un concurrent. Ironie de l'histoire, c'est lui qui, cette année, marqua le but vainqueur d'Everton en finale de la Cup, face à... Manchester United.

En te perdant, United a tout perdu. Ton *quitte* a fait *double.* Double échec pour Manchester.

Tu as déjà passé trois saisons en Angleterre et décroché consécutivement... trois titres de champion, un avec Leeds, deux avec M.U.

(plus la Cup), etc. La quatrième… rien ! Rien pour toi. Rien pour MU.

Ton absence a donc pesé très lourd et provoqué un double sentiment d'injustice et de révolte chez les tiens.

Sur un seul coup de pied, tu es toujours capable de faire basculer un résultat. Tu as manqué, au moins, deux rendez-vous capitaux :

1. La dernière journée du championnat, pendant laquelle, en arrachant le match nul chez les cockneys de West Ham (1-1), à Londres, MU s'est vu souffler le titre par les Blackburn Rovers de Kenny Dalglish.

2. Sous le soleil de Wembley, en mai, l'apothéose de la Cup, la Coupe. Les Bleus d'Everton (l'autre club de Liverpool) y ont battu les *Reds* (1-0), d'un coup de patte de Ferguson (déjà nommé).

Toi, tu étais dans la tribune, œil noir, blazer noir et cravate rouge. Comme un footballeur de plomb. Que n'étais-tu sur le terrain !

Derrière cette double infortune, il y a tout de même une justice :

Attention au prochain Crystal Palace-Manchester United, attention au retour de Cantona à Selhurst Park, se réjouissaient avec une gourmandise de fossoyeurs les mouettes hurleuses de Fleet Street.

Certains te campaient déjà entouré par des gardes du corps au format Springboks. Anciens flics, au pire, anciens paras, au mieux. C'était sûrement bon pour la photo, coco…

Au jour du Jugement dernier, heureusement, Dieu veillait sur God. Donc sur toi.

C'était le samedi 13 mai. Un 13, un jour de chance… Pas pour Crystal Palace battu à Newcastle (3-2), l'équipe entraînée par Keegan où joue désormais Ginola alias « Gin tonic ».

Sanction immédiate : la relégation en division 2.

Matthew Simmons et les hooligans de sa rue passent aujourd'hui leurs nerfs sur les pauvres fans d'Oxford United ou de Plymouth-la-douce, adversaires de série B.

Cette année, il n'y aura pas de Crystal Palace-Manchester United.

Tant pis pour Fleet Street.

Et… vos gueules les mouettes !

Penalty

On l'a compris, *Cantona au bûcher* exorcise le délit d'injustice qui a brûlé tes pieds. Flagrant délit.

Oui, Canto, tu es bien *La Cible humaine,* ce Jimmie Ringo de cinéma constamment défié par ceux qui rêvent de devenir à leur tour *le meilleur tireur de l'Ouest...* Finiras-tu comme Gregory Peck — qui sera tué dans le film de 1949 — ou comme Glenn Ford, le héros de *La première balle tue*, le remake de 1956 ? Lassé de tous ces défis, Ford fera croire à sa mort. Et il aura la paix...

Pas ton genre, Canto, de finir six pieds sous terre ou de faire le mort, même si beaucoup de bateleurs aimeraient t'enterrer debout...

A l'époque épique des grands duels, tu aurais sorti l'épée ou le fleuret du fourreau, chaussé le gant à crispin dur qui force à tirer au corps.

C'eût été pour toi, Latin de race, Catalano-Sarde mâtiné de Provençal, la sanction chevaleresque qui aurait mis fin au différend d'honneur que la justice ne peut connaître.

Allez, et faites en gens de cœur, tel était le mot d'ordre de nos preux, au signal des joutes.

Epoque bénie que les temps affadis ont reléguée aux oubliettes de l'Histoire et au cinéma de cape et... d'épée, bien sûr. Voire au western. Aujourd'hui, le bon peuple demande réparation devant des assemblées de petits-bourgeois de robe, rebaptisées tribunaux.

Le code de l'honneur et du duel répond à toutes les figures du défi.

Avec Matthew Simmons, pas besoin de gant. Même à crispin dur.

Pour la petite gouape de tribune, un concours de penalty (ton terrain, Eric) ou un jeu de fléchettes (celui des piliers de pubs, celui des hooligans) auraient suffi.

Ce livre enflammé balise ta carrière anglaise d'injures amplement relayées par la presse (dite) populaire.

Ni le sport, ni le foot, ni la presse du foot n'ont le monopole des injures, loin de là...

Lis vite, Eric, le succulent *Trafalgar.* Daniel Depland sait bien de quoi il parle. Y compris de politique. Des gaietés de la vie politique.

En Angleterre, sache-le, le sport national n'est pas le *soccer*, mais l'*understatement* (ou la litote). Depland nous révèle que cet art n'est pas le fort de Sir Edward Heath, ancien Premier ministre conservateur qui, interrogé sur l'ex-président de son parti, répond : *Je ne fréquente pas les limaces (...).*

Ni celui de George Foulkes, député travailliste, qui, à la Chambre des communes, traita Douglas Hogg, ministre conservateur, d'*arrogante petite merde,* et apostropha ainsi le *speaker,* qui le sommait de retirer ses paroles : *Quel mot dois-je retirer : « arrogante », « petite » ou « merde » ?*

Les hooligans sont partout. Même au 10 Downing Street (Sir Edward), même au Parlement. Dans la presse. Et, par mimétisme, dans la presse sportive.

Dans ses tribunes de presse à pupitre, steward et thé des anciennes colonies, j'ai débusqué un symbole. Au hasard et parce que *L'Equipe* m'a tendu la perche. J'ai fait de Mr Des Kelly ma tête de pipe. Pourquoi lui ? Parce que les propos recueillis et rapportés par Eric Bielderman, avec la rigueur professionnelle qu'on lui connaît et le sérieux de son quotidien, sont cocasses, déroutants et d'un comique scandaleux.

Mr Kelly n'est pas un hooligan, bien sûr. Mais un farceur. *Triste Sir*, comme dirait l'autre. Ses confrères du *Sun* font de l'anti-France leur pitance matinale. Lui se drape dans l'Union Jack de la fausse indignation.

Pat Crerand, ex-Celtic, ex-Manchester United, a fait part publiquement de sa nausée. Il boycotte le *Sun.* Carrément.

Lui-même, Ecossais de la lignée des braves de l'*Auld Alliance* (Louis XI leur avait donné la double nationalité, ils étaient à la fois écossais et français jusqu'à la Réforme), s'est senti gravement offensé.

Comme toi, Eric.

Comme nous.

Comme Gérard Gelas, metteur en scène de la compagnie du Chêne-Noir, en Avignon. Un chêne que depuis vingt ans on n'abat pas. En plein festival d'été, à la porte du palais des Papes, Gelas nous délivre son *Ode à Canto* en s'inspirant du *Voyage au pays des Tarahumaras*, de l'extraordinaire Antonin Artaud. On y retrouve, dans ce texte promis à publication à L'Avant-Scène, le beuglement du hooligan : *Enculé de bâtard de Français, retourne chez ta putain de mère !* justiciable de la réparation au crampon, à défaut de fleuret.

Face à la gravité des offenses, l'étiquette codifiée du duel fixe ainsi le comportement à suivre :

Les témoins de l'offensé se rendent au domicile de l'adversaire. S'ils sont reçus par lui-même, ils lui demandent, au nom de leur client, de les mettre en rapport avec ses représentants.

Les témoins s'abstiennent d'entamer toute discussion.

Ils prennent note de l'acceptation ou du refus de l'adversaire.

Si l'adversaire est absent, ils laissent leurs cartes libellées comme suit et sous enveloppe fermée.

> *A Monsieur* [ici Kelly]
>
> *Monsieur,*
> *Témoins de Monsieur* [ici, Cantona] *à la suite de l'incident qui s'est produit le* [ici, 25 janvier 1995 à Crystal Palace], *nous vous demandons de bien vouloir nous mettre en rapport avec vos deux amis* [ici, on peut choisir parmi une ribambelle de gens du *Sun* ou du *Mirror*]...
> Signature, date, heure, lieu de la réponse.

Les témoins attendent pendant quarante-huit heures la réponse. Si elle ne leur parvient pas, ils renouvellent la démarche par lettre recommandée avec accusé de réception.

Si au bout d'un second délai de quarante-huit heures, écoulé, les témoins sont sans réponse, ils rédigent, après l'en avoir prévenu, contre l'adversaire qui fait défaut, un certificat de carence.

Duel pour duel, j'ai choisi mon arme : la plume. Je l'ai trempée dans un mélange d'ironie douce-amère avec, au bord de l'encrier, le zeste d'humour qui attendrit la dent dure.

Voici donc Mr Kelly défié à son tour. A lui de dégainer la plume s'il veut (ou peut) riposter au nom des siens.

Nul doute qu'Alan Brooke, par exemple, éditeur-gentleman de Londres (Headline) et qui a fait traduire *Cantona, un rêve modeste et fou* par *My Story* (bien joué), aura à cœur de lire son *droit de réponse*, en l'occurrence un *devoir.*

Mais j'y pense... Kelly, c'est un nom irlandais. Comme Grace, Oscar de Hollywood et princesse de Monaco, comme Sean, maillot jaune de la Grande Boucle, Graham, le directeur exécutif de la Fédération anglaise (un comble !) de football, Jean-Claude, notre skieur olympique aux trois médailles d'or, devenu... Killy, par la maladresse d'un employé de mairie francophone.

Sans même avoir vu *L'Homme tranquille* de John Ford, les Kelly savent bien — et mieux que quiconque — combien les bagarres de pub les plus rudes, du Kerry aux landes du Connemara, se terminent, entre braves, pinte en main, autour d'une Guinness pression, ce *lait noir* d'Irlande. Ou d'un *whiskey* (Paddy, Jameson, Power's) sans glaçon.

Alors, Mr. Kelly, Irlandais de Londres et du *Sunday Express*, adopté par la City, *Cantona au bûcher* vous offre l'opportunité de la contre-attaque. Je vous laisse six mois pour retourner votre plume dans l'encrier et noircir les pages de votre blanche colère.

Ma lettre ouverte n'est évidemment pas cachetée, puisque jetée comme une bouteille à la mer dans les vagues de votre *Channel.*

Elle paraît le 13 septembre. En France.

Rendez-vous le 17 mars suivant. A Paris.

J'ai choisi l'arme, je précise le terrain : au *James Joyce*, porte Maillot, le pub le plus littéraire de Paris.

Retrouvons-nous, livre contre livre, Guinness contre Guinness, whiskey contre whiskey. Pour le St. Patrick's day. La Saint-Patrick... Sur fond de cornemuse, de tartans et de celtitudes.

Allez, Kelly... Just, do it.

Prolongation

Cantona au bûcher
Coup d'envoi : Saint-Malo, 27 mai 1995.
Coup de sifflet final : Concarneau, 13 juillet.
Et le match, en nocturne, à Paris.

Remerciements

A Joël Cantona, Pascal Carbon et Mousse Mazouz (CMC) pour leurs encouragements à la mi-temps ;

Laure Adler, *midnight rambler* à *Surprise sur prise* ; Gérard Gelas, *Ode à Canto,* Théâtre du Chêne Noir en Avignon ; Christian Blachas (CB News, Culture Pub et Culture Rock) ; Pierre Canton, François Glorion, Jacques Noë (Nike) ; Henri Hourcade (Bic) ; Marie-Hélène Jamet (Euro RSCG) ; Franck Kinnoo (Jameson) ; Pierre « Liverpool » Huth ; Agathe-*the-blues* Godard ; Dr Michel Godard ; Sylvette-*rolling* Bidorini ; Gilles Lhote*'n roll* ; Pierre Reynès ; Fernande Ricordeau ; Corine Ménard ; Chachou ; Guadalupe Mesas de Villaverde, sténo de choc et dactylo rock ; « Magic » Mick Gerriet Communication, of course...

Bibliographie

Cantona, l'aventure anglaise. Vincent Radureau (Editions Canal Plus).

Cantona, un rêve modeste et fou. Pierre-Louis Basse (Robert Laffont).

Michel Platini : ma vie comme un match. Michel Platini, Patrick Mahé (Robert Laffont).

Génération Supporter. Philippe Broussard (Robert Laffont).

The Soccer Tribe. Desmond Morris (Jonathan Cape).

So Far, so Good. Liam Brady (Stanley Paul).

You Get Nowt for Being Second. Billy Bremner (Souvenir Press).

Kevin Keegan. Kevin Keegan (Arthur Barker).

Le Football britannique. Patrick Blain (Famot).

Je dis tout. Jean-Pierre Bernès (Albin Michel).

Ciné kung-fu. François et Max Armanet (Ramsay).

Trafalgar. Daniel Depland (Grasset).

La Défense Loujine. Vladimir Nabokov (Gallimard).

Faut-il réduire l'Angleterre en esclavage ? Henri Béraud (Edition de France).

Code de l'honneur et du duel, Georges Breittmayer (Devambez).

MAGAZINES

Paris Match, *Onze*, *France-Football*, *Guadalajara*, *But*, *Manchester United Magazine*.

QUOTIDIENS

L'Equipe, *Le Parisien*, *Le Monde*, *France-Soir*, *Le Figaro*, *Libération*, *The Guardian*, *The Daily Telegraph*, *The Sunday Times* et *Mail on Sunday*.

Et aussi... toute la presse populiste *made in England.*

Index

Index

A

B

D

E

J

K

L

M

N

O

P

Q

R

Table des matières

1996. UNE SAISON DE RÊVE

CANTONA AU BÛCHER. IL ÉTAIT UNE FOIS 1995

Impression réalisée sur CAMERON par
BRODARD ET TAUPIN
La Flèche

pour le compte des Éditions Ramsay
en juin 1996

Imprimé en France
Dépôt légal : juin 1996
N° d'impression : 1375P-5
ISBN : 2-84114-206-X
50-0748-9
RAR 662